창의력 미술놀이

낙서하고 오리고
마음대로 그림 그리기

만 2세부터 처음 접하는 물감과 가위, 종이와 함께
재미있는 만들기 놀이

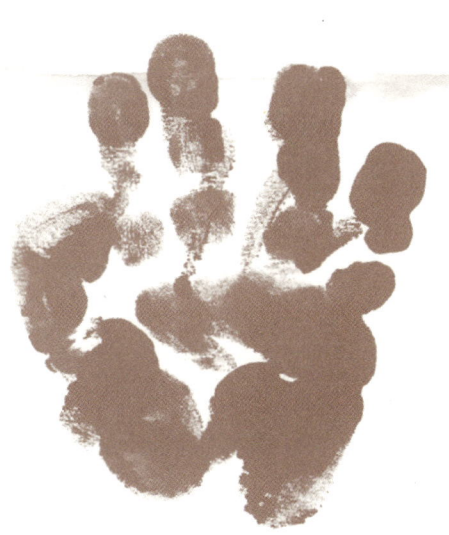

기젤라 뮐렌베르그(Giesela Muehlenberg) 지음 | 수잔네 체즈니(Susanne Szesny) 일러스트

이상희 옮김

세종미디어

Kritzeln, Schnipseln, Klecksen: Erste Erfahrungen mit Farbe, Schere und Papier und lustige Ideen zum Basteln mit Kindern ab 2 Jahren in Spielgruppen, Kindergärten und zu Hause by Gisela Mühlenberg was originally
published in the German language by Ökotopia Verlag, Copyright © 1996 by Ökotopia Verlag, Germany.
All rights reserved.
KOREAN language edition ⓒ2013 by SEJONG MEDIA PUBLISHING COMPANY.
KOREAN translation rights arranged with Ökotopia Verlag GmbH &Co. KG, Münster, Germany through EntersKorea Co., Ltd., Seoul, Korea.

이 책의 한국어판 저작권은 (주)엔터스코리아를 통한 저작권자와의 독점 계약으로 도서출판 세종미디어가 소유합니다.
신 저작권법에 의하여 한국 내에서 보호를 받는 저작물이므로 무단전재와 무단복제를 금합니다.

창의력 미술놀이
낙서하고 오리고 마음대로 그림 그리기

작가 서문 • 5
    이 책의 길라잡이 • 6
    이 책의 기본 개념 • 6
    연령대별 과제 • 7
    참고 도서와 놀이 방법 • 8

알고 계신가요? 낙서하고 오리고 마음대로 그림을 그리는 일은
모든 아동에게 기쁨을 줍니다 • 9

즐거움, 상상력과 창의력을 기르려면 아이들을 격려해야 합니다.
그런데 어떻게 해야 하나요? • 11
    아동을 지지하고 격려하는 요령 • 11
    놀이공간으로 초대하기 • 12
    미술 작품을 위한 게시판 • 13

다양한 색채와 종이, 다른 재료들을 처음 다루어 보는 경험 • 14
    색연필과 크레파스로 낙서하기 • 14
    손가락 물감 놀이 • 22
    수채 물감 다루어 보기 • 26
    소금 밀가루 반죽, 고무 찰흙과 점토를 반죽하고 모양내기 • 29
    종이, 털실, 빨대 자르고 붙이기 • 34

    다양한 재료로 간단한 만들기 놀이 • 38
    색깔, 종이, 접착 재료 • 40
    마분지, 종이 컵 받침, 종이 접시 • 62
    두루마리 휴지 심, 종이 상자, 달걀 상자 • 77
    털실, 천 조각, 솜 • 94
    밀가루 반죽, 찰흙, 색깔 점토 • 109

어떤 활동이 각 아동의 연령에 적합할까요? • 118

    견본 만들기 • 120

작가 서문

어느 화요일 아침, 가족 수업 시간에 북극곰 놀이반 아이들을 만났습니다. 다섯 명의 아이들이 탁자를 가운데 두고 둘러앉아 기쁨에 가득 찬 표정으로 밀가루 반죽을 만지며 놀고 있었습니다. 그 옆에서 다른 세 명의 아이들은 쿠션을 쌓아올려 함께 동굴을 만들고 있었습니다. 부모님들은 아이들의 이러한 집중력과 인내심을 감탄하며 바라보고 계셨습니다.

아이들의 상상력과 창의력은 이런 상황에서 종종 우리를 경탄하게 만듭니다. 우리는 아이들이 상상력과 창의력을 펼치는 것에 깊은 인상을 받습니다. 그것은 우리가 어른의 관점으로 바라보고 성장하면서 거의 잊어버린 것이기 때문입니다.

물론 창의력을 발전시킬 수 있도록 다양한 색깔과 만들기 재료를 마음껏 다룰 수 있는 환경을 아이들에게 제공하고, 놀이를 통해 주도력과 자립심을 키워줄 수 있다면 더 바랄 것이 없을 것입니다.

나는 이 책에 실린 고유한 아이디어와 활성화 방안들에 흥미를 가지고 있는 2세 이상의 자녀를 둔 부모와 놀이 그룹의 선생님, 유치원 선생님들께 발견 여행을 권하고 싶습니다. 그 여행에서 아이들은 태어나 처음으로 색채와 종이를 접하는 경험을 하게 될 것입니다. 그리고 가위와 접착제를 다루는 법을 배우고, 처음으로 만들기 작품을 만들어 보게 됩니다. 이러한 발견 여행에서 아이들에게는 그들의 창의력을 마음껏 펼칠 수 있도록 가능한 한 넓은 공간을 제공하는 것이 좋습니다. 아이들에게는 길고 긴장된 여행이 될 테지만 어른들은 편안한 안내자가 되어야 합니다. 아이들을 격려하고, 용기를 북돋워 주고, 아낌없는 칭찬을 퍼부어야 합니다. 물론 때로는 아이들 편에 서서 아이들이 필요로 한다면 도움이 되어야 합니다.

어딘가 약간 다른 듯한 색칠과 만들기로 안내하는 이 책이 부모님과 놀이 그룹의 선생님, 교육자에게 많은 아이디어와 격려를 주게 되길 바랍니다. 또한 그것을 통해 아이들이 상상력과 창의력을 발전시키고 마음껏 펼치기를 희망합니다.

Giesela Muehlenberg

이 책의 길라잡이

이 장에서는 고유의 길라잡이와 이 책에 있어서 기초가 되는 개념을 설명합니다. 또한 연령대별 다른 의미를 가지는 놀이와 과제를 활용할 수 있는 놀이 방법에 대해서도 설명합니다.

●● 이 책의 기본 개념 ●●

이 책의 첫 번째 장에서는 아이들이 연필, 색깔, 종이와 찰흙을 처음 경험하는 활동을 할 때 알아두면 좋은 팁과 격려하는 방법을 설명합니다. 여기에서는 아이들이 다양한 색깔과 재료를 다루어 보고 이를 온전히 자신의 생각과 규칙으로 작업할 수 있게 허락받는 것이 얼마나 중요한지 설명할 것입니다.

이 책의 두 번째 장은 아동들의 연령대를 아우르고 어른의 도움을 최소화한 작은 종이로 만드는 다양한 활동이 포함되었습니다. 중요한 점은 이 활동을 하는 아이들에게는 충분한 시간과 공간이 제공되어야 한다는 것입니다. 또 만들기 활동에서 각각 제공된 색과 재료를 잘 활용할 수 있도록 창의적이어야 합니다. 동시에 어른들은 이 책에 설명된 창의적이고 상상력이 가득한 활동을 대할 때 단지 격려의 눈빛으로 아이들을 지켜보길 바랍니다. 상황에 따라 다른 색이나 재료를 제공하거나 색다른 활동을 시도해 보라고 조언을 하는 것은 좋습니다.

이 책에서는 종종 아이들이 따라 그릴 나무나 사자, 독수리 같은 견본이 필요한데 이것 역시 마분지를 이용해서 만들 수 있습니다. 물론 이 견본을 마분지로 미리 만들어 놓아야 합니다. 견본은 이 책 뒤편에 첨부된 그림을 참고하면 됩니다.
이 두 장의 마지막 부분에는 모든 그림 활동과 만들기 활동을 다시 한 번 아동의 연령별로 구분하여 정리한 표가 있습니다. 이 표를 통해 다양한 연령별 그룹에 어떠한 활동이 적당하고 어떠한 방법이 유효한지 좀 더 한눈에 알아볼 수 있을 것입니다.

참조: 이 책에 나오는 그리기 활동과 만들기 활동에 대한 다양한 아이디어의 대상은 부모와 놀이 그룹의 선생님, 유치원 선생님들입니다. 하지만 본문에서 나는 이 책이 좀 더 쉽게 읽히도록 하기 위해 초점을 항상 이 세 그룹에 맞추기보다는 부모님에게로 기울였습니다. 하지만 이 책은 아이와 함께 그림을 그리고 만들기 활동을 할 모든 어른을 위한 것입니다.

●● 연령대별 과제 ●●

이 책에 실린 연령대별 그리기 과제와 만들기 과제는 각 연령 평균의 아동이 쉽게 수행할 수 있을 만한 것을 골라 만든 것입니다. 물론 이러한 대상 연령이 절대적 기준이 아님을 먼저 밝혀 둡니다. 그보다는 각 활동에 관심을 보이는 때가 언제부터인지는 명확하게 알고 있다고 생각합니다. 예를 들어 만 3세부터 적용이 가능한 활동은 역시 5세나 6세 아동에게도 아주 유용할 수 있습니다. 당연히 이 나이대의 아동들은 더 어린 아이들에 비해 색과 재료에 관한 다른 재능과 상상력이 작동하고 있습니다. 이 책을 쓰면서 나는 10세에서 12세 사이의 아동들이 이 책의 만들기 과제를 흥미진진하게 읽고 그것과 완전히 다른 방법으로 다시 만든다는 놀라운 사실을 발견했습니다. 거꾸로 한 살 반 정도의 많은 아이들이 이미 색연필과 크레파스로 줄을 몇 개 그으며 낙서를 하고, 종이를 구기거나 찢으며 기쁨을 느끼는데 이 책에서는 만 2세부터 그러한 활동이 가능하다고 봅니다. 이러한 기준은 부모나 놀이 그룹 선생님들에게 과제 선택의 참고 기준이 될 것입니다.

발달 상황이 다 다르고 경험도 제각각인 아이들이 다른 과제를 큰 어려움 없이 해냈다 하더라도 아직은 아이들에게 그 과제가 매우 어렵다는 사실을 나중에 깨닫는 일도 있습니다. 따라서 부모나 놀이 그룹의 선생님은 각 과제의 수준이 아이들 개인이나 그룹의 발전 과정에 적합한 것인지 현명한 판단을 해야 합니다.

물론 그리기나 만들기 활동 과정을 아이들이 적당히 어렵게 느끼도록 미리 계획해 어른이 함께하는 것도 괜찮습니다. 단지 중요한 것이 있다면 이러한 것들을 현실화하고 결과를 이끌어 내도록 하는 것입니다. 그 과정을 통해 아동이 재료와 색을 가지고 다른 시도를 해 볼 수 있도록 합니다.

단지 너무 높은 기대치를 가지고 아이들과 지속적으로 대립하는 것은 문제가 될 수 있습니다. 이것은 결국 영구적으로 아이들의 용기를 꺾고 그리기와 만들기에 대한 관심을 없애 버리는 결과를 가져옵니다.

•• 참고 도서와 놀이 방법 ••

놀이 그룹에서의 경험은 아이들에게 그리기와 만들기에 특별한 즐거움을 느끼게 하고 완성된 작품을 가지고 놀게 할 수 있습니다. 또 이러한 것들, 예를 들어 동물 등을 그림책에서 다시 찾아보게 하는 계기가 될 수도 있습니다. 그렇기 때문에 이러한 만들기 놀이는 그 뒤에 따르는 확장된 놀이 방법이자 그림책을 선택할 때 미리 주어진 격려가 될 수 있습니다.

알고 계신가요? 낙서하고 오리고 마음대로 그림을 그리는 일은 모든 아동에게 기쁨을 줍니다!

처음으로 하얀 종이 위에 선을 그리는 경험은 대부분 어린 아이들에게 아주 우연히 일어나는 마법 같은 사건입니다. 연필을 쥔 아이들은 부모의 얼굴을 쳐다보고는 종이를 만지작거리며 부모의 얼굴을 그리려고 노력합니다. 그리고 처음으로 이러한 경험을 한 아이들의 얼굴이 기쁨으로 빛나는 것을 우리는 볼 수 있습니다. 아이들이 첫 번째 결과물을 만들고 스스로 얼마나 놀라워하는지, 얇은 선을 비뚤비뚤하게 이어나가면서 얼마나 즐거워하는지도 볼 수 있습니다. 처음으로 연필을 인식하는 것이 가능했다면 그 다음부터 이러한 활동은 더욱 빈번하게 — 부모들에게는 달갑지 않은 일이겠지만—일어나고 식탁보나 카펫, 벽지 등 넓은 공간을 더욱 멋지게 만들 것입니다.

이러한 발전 단계는 매우 중요한 것이기 때문에 아이들이 다양한 연필과 색연필, 커다란 종이를 접할 수 있도록 해야 합니다. 아이들은 부모의 이러한 배려와 격려에 고무됩니다. 아이들은 자신의 관심사를 알아채고 그림을 그리거나 종이를 접을 수 있는 공간과 시간을 제공해 주는 어른을 필요로 합니다. 또한 어른들은 아이들에게 용기를 주고 아이들의 작품을 소중히 간직해야 합니다. 물론 이러한 어른의 관심은 아주 중요한 것이지만 지나치게 과장된 칭찬이나 과도한 관심은 자제해야 합니다.

아이들은 본능적으로 무엇인가를 시도해 보고 실험해 보고자 합니다. 각자 자기만의 규칙에 따라 그림을 그리고 선을 긋고 흙장난을 하는데, 이때는 어른의 세심한 배려가 필요합니다. 부모와 교육자는 이러한 과정을 어느 정도 거리를 두고 끈기와 인내심을 가지고 지켜보아야 하며 아이가 마음껏 생각하고 실험할 수 있도록 자유로운 공간을 제공해야 합니다. 물론 거기에는 "그러면 어떻게 감당하라는 겁니까?", "집안 꼴은 어떻게 하나요?"와 같은 불평이 따르겠지만 아이들의 창의력 발달을 위해서는 그런 불평은 잠시 멈춰야 합니다. 아이들은 이 같은 발전 기간 동안 색연필을 비롯해 다양한 도구를 다루어 보아야 하며 거기에는 절대 어떠한 내용적 부분이 들어가서는 안 됩니다. 더 나은 방법은 어른들이 어떤 구체적인 그림이나 내용을 담으려 하지 말고 아이들과 함께 그저 예쁜 색을 칠해 보고 대화를 나누며 같이 낙서를 해 보는 것입니다.

그림이나 종이로 만든 결과물보다는 그것을 다루어 보는 행위가 더 중요한 것이며 그것은 아이들의 발달에 결정적인 역할을 합니다.

이렇게 재료를 집중적으로 경험하는 기나긴 시간이 끝나면 아이들은 자신들의 작업을 현실화하는 발전 단계를 거치게 되는데, 이 과정에서 대부분의 어른은 너무 빨리 비교하기 시작합니다. 아이들은 겨우 세 살 경이 되어서야 스스로 그림을 그릴 것인지 만들기를 할 것인지 의사표현을 하기 시작합니다. 물론 아이들은 대부분 활동을 하면서 자신의 의도를 여러 번 바꾸곤 합니다. 이러한 연령대의 아이들은 조각난 털실이나 작은 종잇조각을 가지고 노는 것을 좋아합니다. 이런 활동과 색을 이용한 실험들은 각종 만들기 활동의 차선책일 뿐입니다. 아이들이 얼마나 오랫동안 그림을 그리고 만드는 것에 즐거움을 느끼는가는 부모들의 지지와 배려에 의해 결정됩니다.

즐거움, 공상과 창의력을 기르려면 아이들을 격려해야 합니다. 그런데 어떻게 해야 하나요?

•• 아동을 지지하고 격려하는 요령 ••

○ 아이들이 종이와 연필에 관심을 보이자마자 즉시 부모들은 다양한 펜과 다채로운 색을 다루고 경험하도록 배려해야 합니다. 아이들에게 부엌이나 놀이방 한편에 작은 공간을 마련해 주고 언제든지 활동을 할 수 있도록 해 주어야 합니다.

○ 아이들의 첫 시도에 대해 부모가 보이는 관심이 아이들에게도 아주 중요합니다. 부모는 아이들에게 용기를 주고 칭찬을 해 주어야 합니다. 아이들 곁에 앉아 그림을 그릴 때까지 조용히 기다려야 합니다. 이와 동시에 아이들에게 늘 가지고 놀 수 있는 종이를 주어야 하며 가능한 한 아이들이 스스로 그림을 그리는 발전단계를 거치도록 해야 합니다. 아이들은 원을 그릴 수도 있고, 점이나 선을 그어 볼 수도 있습니다. 어른들이 먼저 현실과 완벽하게 똑같은 집이나 사람, 동물을 먼저 아이들에게 그려 주는 것은 아이들의 창의력 발달을 심각하게 저해하는 행동입니다. 이러한 일은 곧 아이들이 종이를 밀어내게 하거나 어른이 생각하기에 아이들이 그리기 좋은 것만을 요구받는 결과를 가져옵니다.

○ 아이들은 각자 나름의 템포와 규칙, 이유를 가지고 있습니다.

○ 부모가 먼저 "이건 뭐야?"라는 질문을 해서는 안 되며 결과를 요구해서도 안 됩니다. 아이들의 예술작품을 평가하려 해서도 안 되며 실험과 장난을 흔쾌히 허락해야 합니다. 부모는 자연스럽게 아이들과 대화를 시도해 방금 자신이 그린 것이 무엇인지 설명할 수 있게 유도해야 합니다.

○ 예술작품을 버려서는 안 됩니다. 아이가 그린 것을 벽에 걸어놓고 친구들에게 선물하도록 하거나 아이들을 위해 특별한 스크랩북을 마련해 그림을 모아 둡니다.

•• 놀이공간으로 초대하기 ••

거실이나 아이들 방 한쪽에 작은 탁자를 마련해 놓고 아이들이 언제든지 종이와 색연필, 크레파스를 접할 수 있도록 하는 것이 좋습니다. 그러면 아이들은 언제 어떻게 그림을 그릴 것인지 스스로 결정하게 됩니다. 중요한 사실은 무엇보다 아이들이 처음 그리기 활동을 하는 모습을 지켜보아야 한다는 것입니다. 하지만 사실 그것이 앞에 놓인 종이에 덧칠하는 것이라는 사실을 확인하면 곧 눈을 떼도 괜찮습니다.

탁자는 방수포로 덮어 놓는 것이 좋으며 가능한 한 닦아낼 수 있는 것으로 구비합니다. 만약 카펫 위에 탁자를 두어야만 한다면 리놀륨 장판을 사서 탁자 아래에 깔아 놓으세요. 이렇게 조치를 취하면 부모는 화낼 일이 줄어들고 아이들에게 꾸중하는 일도 줄어듭니다.

탁자 근처에는 손가락 물감, 수성 물감, 풀이나 가위 같은 재료들을 아이들이 필요 시 곧바로 사용할 수 있도록 구비해 두십시오. 반드시 아이들 손이 바로 닿을 수 있도록 해야 하는 것은 아닙니다.

낡은 어른 셔츠로 아이들에게 훌륭한 미술용 조끼를 만들 수 있습니다. 팔 부분이나 다른 부분을 조금 잘라내어 걷어 올려 주세요. 셔츠의 등이 아이들 몸 앞쪽으로 오도록 입히고 뒤에서 단추를 잠가 주세요. 그러면 아이들 옷이 젖거나 더럽혀지는 것을 막을 수 있습니다.

아이와 함께 예쁘고 큰 상자로 보물 상자를 만들어 그 속에 미술용 종이, 재료용 작은 상자, 만들기에 필요한 모든 재료를 모아둘 수 있습니다. 아이들이 이 상자에 직접 그림을 그리거나 다른 것들을 붙여 예쁘게 꾸미도록 해 주세요. 이 상자가 방 어느 곳에 있든지 진짜 보물상자처럼 보일 수 있도록 말이죠.

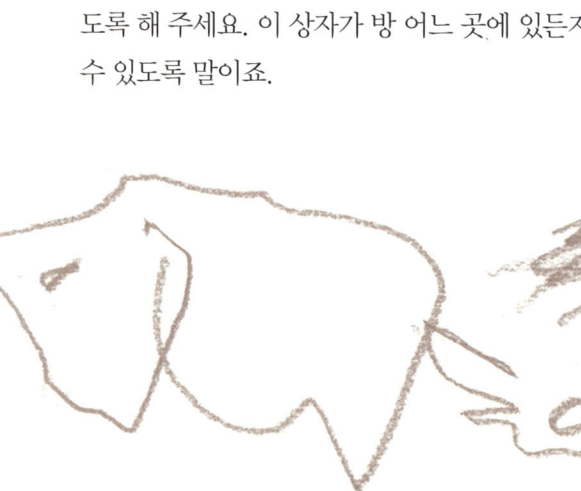

●● 미술 작품을 위한 게시판 ●●

가능하면 아이들이 충분히 인정받고 칭찬을 받을 수 있도록 아이가 그린 그림을 걸 수 있는 공간을 만들어 주세요. 핀으로 고정시킬 수 있는 커다란 판이나 그림을 걸 수 있는 긴 나무를 벽에 고정시키면 됩니다. 나중에는 걸었던 그림을 떼어 특별한 스크랩북에 그림을 모을 수 있도록 합니다. 이 스크랩북은 아이가 직접 그림을 그리거나 특별한 그림을 붙여 꾸밀 수도 있습니다. 그림을 스크랩북에 넣기 전에 아이의 이름과 날짜를 써 둡니다. 이렇게 모아둔 그림은 훗날 부모님과 아이들에게 큰 기쁨을 선사할 것입니다.

다양한 색채와 종이, 다른 재료들을 처음 다루어 보는 경험

●● 색연필과 크레파스로 낙서하기 ●●

두 돌 정도의 시기가 되면 아이들은 종이에 연필로 낙서하는 것에 대한 관심이 증가합니다. 아이들은 먼저 어른들의 모습을 흉내 내다가 우연히 낙서에 성공하고는 큰 기쁨을 느끼게 됩니다. 이러한 시기의 아이들에게는 놀이 그룹이나 집에서 늘 커다란 종이와 다양한 연필로 실컷 놀 수 있게 해 주어야 합니다.

아이들은 온몸을 이용해 팔이나 손을 움직이며 선을 그리거나 점을 찍고 곡선을 그려대는데, 이때 대부분은 연필을 주먹 전체로 꼭 쥐고 있습니다. 처음 이 시기 아이들은 자신의 기술을 다듬고 운동 능력을 발전시킵니다. 아이들은 오랫동안 추상적인 묘사만 합니다. 아직은 어떤 특정한 물건을 그리고 싶어 하지 않는 시기입니다. 이 시기 아이들은 색과 형태에 관한 실험을 하는 중입니다. 네 돌이 되서야 겨우 머리가 달린 다리나 집, 자동차 같은 사물을 묘사하려는 의지가 생겨납니다. 이때 아이들은 가장 중요한 특징을 보이는 그림을 그리고 만족하는 모습을 보입니다. 사람을 묘사할 때 대부분은 먼저 머리와 눈 그리고 다리만(머리가 달린 다리) 달린 형태로 그리는 것입니다. 자동차는 아주 큰 바퀴를 가진 몸체만 그립니다.

이 시기 아이들의 조형적 능력은 다른 능력과의 관계에 비해 아주 천천히 발달합니다. 아이들은 자기 자신만의 규칙에 따라 그림을 그리는 것이기 때문에 어른들도 물론 이러한 것들을 따라야만 합니다.

이다음 발전 단계에서 아이들의 그림은 늘 다르게 나타납니다. 아이들은 자신들이 알고 있는 것, 자신들이 봐왔던 것, 또 자신들이 인지한 것을 그립니다. 좀 더 예민하거나 인지력이 발달된 아이들은 자신의 주변 환경을 받아들여 종이와 연필로 표현하는 것을 배우는 것에 더 강렬하게 반응합니다. 그러므로 우리 어른들은 아이들이 자신들의 시간과 공간에서 나름의 실험과 경험을 할 수 있도록 장려해 주고 동시에 아이들의 인지능력을 개발시키고 강화시켜 주어야 합니다.

•• 색연필로 그리기 ••

- **재료**
  색연필, 큰 종이
- **대상 연령**
  만 2세부터

처음으로 그림 그리기를 시도하려면 아동용 굵은 색연필이 필요합니다. 6색이나 12색 세트의 다양한 제품 중에 하나를 준비하면 됩니다. 이런 제품들은 색이 아주 선명하고 다른 제품에 비해 강해 잘 부러지지 않는 장점이 있습니다. 당연히 이 색연필의 끝이 날카롭지 않고 둥글게 되도록 특별히 주의를 기울여야 합니다. 아이들은 보통 뾰족한 것으로 찌르는 것을 좋아하기 때문에 만약의 경우에는 아이의 눈에 띄지 않도록 얼른 숨겨야 합니다. 아이들은 연필을 뾰족하게 하는 방법을 익히자마자 색연필을 모조리 깎아 버려 눈 깜짝할 사이에 모두 몽당연필로 만들어 버리곤 합니다.

색연필을 꺼내어 책상 위에 놓아두면 아이들은 특히 무언가를 반복해서 그리곤 합니다. 달력 같은 커다란 종이나 컴퓨터 용지 등을 아동용 그림 도구로 이용하면 좋습니다.

•• 크레파스로 그리기 ••

크레파스는 제품에 따라 활용 방법이 아주 다양합니다. 어린 아이들이 처음 그림을 그리기 시작할 때에는 손에 쥐기 쉽고 잘 부러지지 않는 특수한 제품을 선택합니다. 아마 아이들은 부모나 좀 더 나이가 많은 아이들을 따라하고 싶어 하며 연필을 잡으려 할 것입니다.

- **재료**
  크레파스, 종이
- **대상 연령**
  만 2세부터

크레파스를 구입할 때는 아이가 어떤 목적으로 다루고 싶어 하는지 심사숙고해 선택합니다. 시중에는 테이블 위나 가구, 바닥에 낙서해도 쉽게 지울 수 있도록 물로 닦아낼 수 있는 크레파스도 나와 있습니다. 이러한 제품은 만들기 놀이(예를 들어 다림질 놀이)에는 적합하지 않습니다. 하지만 아이들이 평소에 마음껏 그림을 그리고 놀 수 있으며 불필요한 신경전을 피할 수 있는 장점이 있습니다.
다양한 크레파스 종류를 다양한 숍에서 비교할 수 있으며 천연 밀랍으로 만든 크레파스는 유기농 숍에서 구입할 수 있습니다.

아이들은 종이와 필기구 어지르는 것을 좋아합니다. 부모님이 이것을 아이들에게 조용히 허락해 주어야만 아이들 스스로 연필의 길쭉한 부분을 잡고 세워 그림을 그릴 수 있게 됩니다. 크레파스는 아이들이 그림을 그려 보고 실험해 보며 점차 활동을 확장하도록 언제든지 마음대로 다룰 수 있도록 해 주어야 합니다.

•• 빗방울 그리기 ••

- **재료**
  크레파스나 색연필, 종이
- **대상 연령**
  만 2세부터

그리기 활동을 하는 동안 아이에겐 종이에 촘촘하게 점을 찍는 시기가 옵니다. 이러한 때 부모님은 아이들과 함께 즐거운 놀이를 할 수 있습니다. 아이들 여러 명이 모여 함께하면 더욱 신이 날 것입니다. 모인 사람 모두 각자 연필을 쥐고 종이를 폅니다. 그리고 동시에 다음과 같이 이야기합니다.

> 빗방울, 빗방울, 빗방울이 톡톡톡
> 머리 위에 톡톡톡
> 우리는 전부 축축해요.
> 꽃들은 그걸 좋아해요.
> 빗방울, 빗방울, 빗방울이 톡톡톡

종이 위에는 점만 찍어야 합니다. 전부 서로 연필을 바꾸어가며 점을 찍고 다시 놀이를 시작합니다. 반복해서 하는 것이 훨씬 큰 호응을 이끌어 낼 수 있습니다. 예쁘고 다채로운 색의 빗방울 그림이 완성될 때까지 반복합니다.

•• 천둥 그리기 ••

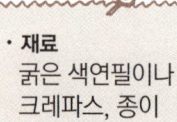

- **재료**
  굵은 색연필이나 크레파스, 종이
- **대상 연령**
  만 2세부터

색연필이나 크레파스를 사용하면 아이나 어른 모두 예쁘고 다양한 색의 번개를 그릴 수 있습니다. 아이들과 어른들은 모두 하나의 종이에 연필을 잡고 다음과 같이 이야기합니다.

> 비가 오네, 비가 내리네.
> 톡톡톡톡톡톡
> 우박이 내린다, 우박이 내린다.
> 번개가 번쩍번쩍
> 천둥이 콰르릉콰르릉
> 그리고 다시 해가 떴어요.

그러는 동안 모두 말하는 것과 같은 그림을 그립니다. 처음에는 조심스럽게 점을 찍다가 우박이 내리는 부분에는 동그라미를 그립니다. 번개와 천둥이 치는 부분에는 번개를 그립니다. 마지막에는 커다란 해를 그립니다. 그러면 번개가 멈추게 되겠지요? 다음번에는 다른 색으로 번개를 그려 봅니다.

●● 긁기 놀이 - 프로타쥬 기법 ●●

아이들은 종이 아래에 물건을 놓고 크레파스 조각으로 종이를 긁어 보면서 새로운 재미를 스스로 발견하곤 합니다. 예를 들어 아이들은 바닥에 종이를 놓고 그림을 그리다가 종이 위에 다른 무늬가 나타난다는 사실을 알고 놀라게 됩니다.

다양한 물건을 종이 아래에 두고 여러 가지 시도를 해 볼 수 있습니다. 거친 무늬를 가진 벽지, 무늬가 있는 벽, 무늬 장판 바닥, 못 쓰는 나무 조각, 헝겊, 코르크, 종잇조각이나 유리 제품, 레고 조각, 체, 욕조의 배수구, 동전, 창틀 등 모든 것을 종이 아래에 두고 긁어 보게 합니다.

아이들은 늘 새로운 물건을 찾아 종이를 대고 긁어 보는 것에 큰 기쁨을 느낍니다. 아이들의 손가락 감각은 아주 천천히 발달하기 때문에 다양한 자극이 필요합니다. 이 놀이를 할 때 너무 세게 누르면 종이가 찢어질 수 있습니다. 그렇다고 너무 약하게 누르면 아무런 그림이 나타나지 않습니다.

- **재료**
  크레파스나 색연필, 종이, 긁어 볼 다양한 재료
- **대상 연령**
  만 3세부터

●● 마술 그림-양초 그림 ●●

- **재료**
  흰색이나 노란색 밀랍 조각 혹은 흰색 양초, 수채 물감, 종이, 붓, 헤어드라이기
- **대상 연령**
  만 2세 중반부터

이 마술 그림 놀이를 위해서는 물에 씻기지 않는 밀랍 조각이 필요합니다. 밀랍을 함유한 재료를 이용해야만 원하는 효과를 얻을 수 있습니다.

흰색이나 노란색 밀랍 조각이나 흰색 양초를 이용해 종이 위에 원이나 선을 그리거나 점을 찍거나 다른 무늬를 그립니다. 이때 가능한 한 밀랍이 두껍게 묻을 수 있도록 꾹꾹 눌러 그려야 합니다. 그리고 나서 그 위에 수성 물감을 칠하면 원래는 종이 위에 보이지 않거나 거의 눈에 잘 띄지 않았던 선과 점들이 마법처럼 드러나는 것을 볼 수 있습니다. 이런 극적인 효과는 밀랍이나 양초가 그어진 곳의 종이가 밀랍 성분으로 보호되어 양초가 묻은 곳에 물감이 칠해지지 않아 생겨나는 것입니다. 밀랍이나 양초로 그림이 그려진 부분은 수채 물감이 칠해지지 않아 종이의 바탕이 그대로 드러납니다.

아이들이 처음 물감을 칠할 때 밝은색 계열을 선택하면, 그림을 말린 다음 밝은 색깔 크레파스나 양초로 다시 칠할 수 있습니다. 그리고 다시 그 위에 어두운 색의 수성 물감을 칠하면 결국 그려둔 선과 두 가지 다른 색이 어두운 색 바탕을 구성하고 있는 것을 확인할 수 있습니다. 색을 칠하는 사이 아이들이 오래 기다리지 않도록 그림을 헤어드라이기로 말려도 됩니다. 하지만 헤어드라이기를 종이에 너무 가까이 대지 않도록 주의하십시오. 너무 가까이 대면 밀랍이 녹아내릴 수도 있습니다. 이 부분은 부모님이 옆에서 도와주는 것이 좋습니다.

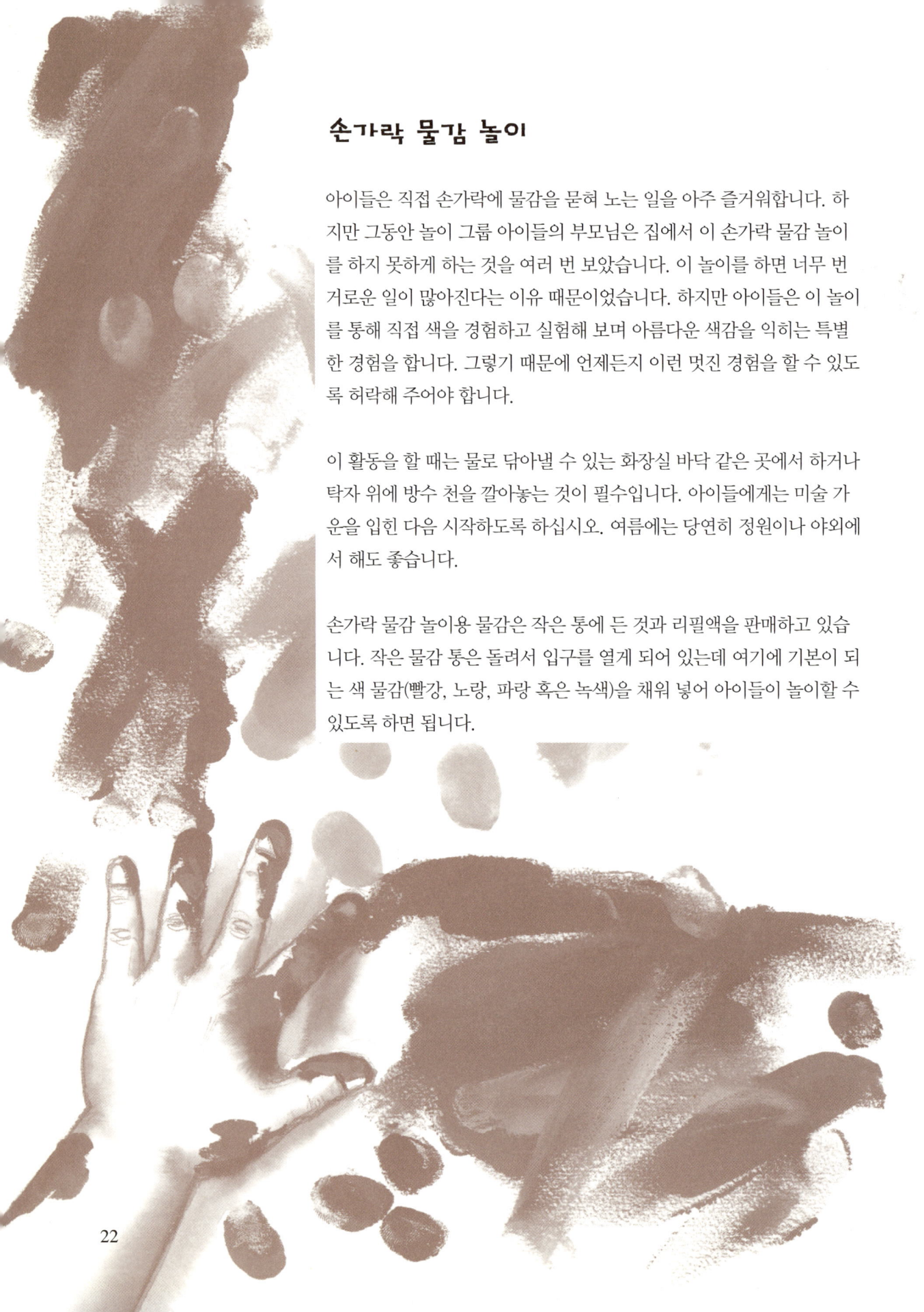

손가락 물감 놀이

아이들은 직접 손가락에 물감을 묻혀 노는 일을 아주 즐거워합니다. 하지만 그동안 놀이 그룹 아이들의 부모님은 집에서 이 손가락 물감 놀이를 하지 못하게 하는 것을 여러 번 보았습니다. 이 놀이를 하면 너무 번거로운 일이 많아진다는 이유 때문이었습니다. 하지만 아이들은 이 놀이를 통해 직접 색을 경험하고 실험해 보며 아름다운 색감을 익히는 특별한 경험을 합니다. 그렇기 때문에 언제든지 이런 멋진 경험을 할 수 있도록 허락해 주어야 합니다.

이 활동을 할 때는 물로 닦아낼 수 있는 화장실 바닥 같은 곳에서 하거나 탁자 위에 방수 천을 깔아놓는 것이 필수입니다. 아이들에게는 미술 가운을 입힌 다음 시작하도록 하십시오. 여름에는 당연히 정원이나 야외에서 해도 좋습니다.

손가락 물감 놀이용 물감은 작은 통에 든 것과 리필액을 판매하고 있습니다. 작은 물감 통은 돌려서 입구를 열게 되어 있는데 여기에 기본이 되는 색 물감(빨강, 노랑, 파랑 혹은 녹색)을 채워 넣어 아이들이 놀이할 수 있도록 하면 됩니다.

•• 손가락 물감 놀이 ••

두 돌이 지나면 충분히 손가락 물감 놀이를 즐길 수 있습니다. 색깔을 대하는 아이들의 태도는 아주 다양합니다. 어떤 아이는 조심스럽고 의심스러운 태도로 물감 앞에 앉아 있다가 다른 아이들을 물끄러미 바라보기만 합니다. 또 어떤 아이는 아무 망설임 없이 손가락과 손에 물감을 묻혀 종이에 마구 그리기도 합니다.

이렇게 소극적인 아이들에게는 뻣뻣한 붓을 주는 것이 도움이 됩니다. 그러다 보면 결국에는 거부감 없이 손가락과 손으로 그림을 그리게 됩니다. 여러 가지 색을 섞어 마구 그려 보는 일에서 큰 즐거움을 느끼게 되므로 아이들이 많은 색을 다루어 볼 수 있도록 해 줍니다. 파란색 붓을 빨간색 물감 통에 넣는 것도 상관없으며 무조건 아이들 마음대로 실험하도록 두어야 합니다. "에이, 이건 엉망이잖아. 너 지금 얼마나 더러운지 봐. 이리와, 우리 씻으러 가자. 그림은 많이 그렸잖아." 이런 말은 하지 않도록 합니다. 아이들이 하고 싶은 대로 그리고, 낙서하고, 색을 마구잡이로 섞도록 내버려 두어야 합니다.

아이의 멋진 작품을 보고 어른이 먼저 좋아하면 아이들은 무한한 기쁨을 느낍니다. 당연히 이 작품은 버리지 말고 잘 보관해야 합니다.

- 재료
  손가락 물감, 크고 두꺼운 종이, 경우에 따라 붓 (붓 폭이 약 1cm에서 1.5cm)
- 대상 연령
  만 2세부터

•• 손바닥 찍기 ••

아이들은 여러 가지 색을 손 전체에 묻혀 보는 것을 좋아하기 때문에 손바닥 전체를 종이에 찍어 볼 수 있습니다. 물론 손대신 발을 종이에 찍어 보아도 됩니다. 어른들이 붓이나 손으로 발에 물감을 묻히면 아이들은 좋아서 소리를 지릅니다. 이 작품은 잘 보관해야 합니다. 부모님은 물감의 다양한 색깔을 이용해 아이의 이름과 날짜를 적어 둡니다. 그런 다음 아이에게 그 작품을 다른 미술 작품이 보관된 스크랩북에 잘 넣어두도록 합니다.

- 재료
  손가락 물감, 종이, 붓
- 대상 연령
  만 2세 중반부터

●● 색 섞기 마술 놀이 ●●

- **재료**
  손가락 물감, 종이
- **대상 연령**
  만 2세 중반 이상

많은 아이들이 처음 그림을 그릴 때 색깔보다 재료에 더 집중을 하기 때문에 한 가지 색으로만 그림을 그립니다. 하지만 아이들이 이러한 풍부한 색채를 다루게 된 이후에는 어떠한 반응을 보일지 한 번 시도해 볼 수도 있습니다. 예를 들어 커다란 파란색 물감 자국에 노란색 물감 방울을 섞는 일 같은 것 말이죠.

손가락 물감을 이용하면 아주 쉽게 섞을 수 있습니다. 누군가가 아이들에게 두 가지 다른 색의 물감에 대해 이야기해 주고 그것이 어떻게 다른지 꼭 보여 주어야만 아이들은 그 과정을 편안하게 받아들입니다. 두 물감을 아이들이 섞고 나면 물감이 어떻게 달라졌는지 이야기를 해 주고 다른 물감으로도 다시 해 봅니다. 부모님은 이런 원리를 설명해 주거나 아이들과 전 과정을 같이 해 볼 수도 있습니다. 물론 이럴 때는 각자의 종이를 따로 가지고 그림을 그리고 실험해 보아야만 합니다.

●● 데칼코마니 ●●

아이들이 다양한 색깔을 이용해 그림을 그린 특별한 경우라면 종이를 반으로 접었다가 다시 펴면 하나의 그림이 될 수 있다는 것을 보여 줍니다. 물감들은 서로 섞이고 눌리면서 처음과 완전히 다른 무늬가 되고 거기서 종종 아이들은 상상력을 발휘해 어떤 형상을 발견합니다. 아이들이 자신의 작품 모양이 갑자기 변하는 것을 보고 당황하거나 화를 내는 경우가 종종 있으므로 종이를 접었다 펴는 것은 꼭 스스로 하도록 지도합니다.

종이를 접는 방법에는 여러 가지가 있습니다. 아이가 종이 전체에 물감을 잔뜩 칠하고 접어 보든지 아니면 그냥 줄만 그어 볼 수도 있고, 혹은 접힌 종이의 한쪽에만 그림을 그려 볼 수도 있습니다. 아이가 어떤 그림 복사본을 만들고 싶어 할 때는 물감이 두텁게 그려진 그림 위에 빈 종이를 대고 눌렀다가 떼어내 볼 수도 있습니다. '수리수리 마수리!' 이렇게 주문을 외고 나면 비슷한 그림 두 장이 마술처럼 생겨나는 것이죠.

- **재료**
  손가락 물감, 종이
- **대상 연령**
  만 2세부터

●● 점찍기 놀이 ●●

손가락 끝 부분을 이용해 손가락에 물감을 묻혀 종이 위에 재미있는 점을 찍어 볼 수 있습니다. 이제까지 붓으로만 그림을 그린 아동이라면 이 방법을 이용하면 점점 손가락을 이용하다 결국 손 전체를 이용하게 될 것입니다. 이 과정에서 부모님이 아이와 함께 손가락으로 그림을 그리고 손바닥을 찍어 보는 것은 아주 중요합니다. 물론 이때 부모님은 별도의 종이에 그림을 그려야 합니다.

대부분의 아이들은 손가락 각각에 다른 색의 물감을 묻히는 것에 큰 재미를 느낍니다. 이때 빨간색 물감을 묻힌 손가락은 항상 빨간색 물감 통에, 파란색 물감을 묻힌 손가락은 늘 파란색 물감 통에 손가락을 넣도록 해 주십시오.

앞서 설명한 〈빗방울 그리기〉와 〈천둥 그리기〉에서 색 크레파스 위에 이 손가락 물감을 아주 잘 이용해 볼 수 있습니다.

- **재료**
  손가락 물감, 종이
- **대상 연령**
  만 2세부터

수채 물감 다루어 보기

수채 물감으로 그림을 그리는 것은 아이들에게 아주 특별한 경험입니다. 붓을 잡고 하는 활동과 물을 이용하는 것은 아이들이 가장 좋아하는 활동입니다.

일반 수채 물감을 다루는 것은 아직 어린 아이들에게 몹시 어려운 일입니다. 그렇기 때문에 나는 어린 아이들에게는 템페라 수채 물감을 사용하도록 권합니다. 화방에서 지름 4cm 정도 물감이 담긴 작은 통이 고정된 팔레트를 구입할 수도 있고, 아니면 8가지 색이 채워진 작은 팔레트를 구입할 수도 있습니다. 이 물감은 학교에서 사용하는 것보다 훨씬 크고 진하며 색깔도 다채롭습니다. 아마도 막 성장하는 작은 예술가의 첫 미술 작품을 돕는 데는 가장 적당할 것입니다. 이 책에서 말하는 수채 물감은 바로 이 템페라 물감을 말하는 것입니다.

•• 템페라 물감으로 그림 그리기 ••

아이가 수채 물감을 이용해 그림을 그릴 때 그 공간에는 방수포를 덮어 놓는 것이 가장 좋으며 신문지 같은 것으로 잘 덮어두는 것도 좋습니다. 또 아이에게 반드시 미술용 조끼를 입히세요. 수채 물감은 옷에 묻으면 잘 지워지지 않습니다. 옷에 물감이 묻었을 때는 곧바로 얼룩 제거용 세제를 묻혀 물에 담가 놓았다가 평소처럼 세탁하면 됩니다.

아이들이 엎지르는 것을 대비해 컵에는 물을 조금만 채워 놓으십시오. 책상 위를 방수포나 신문 등을 잘 깔아놓았다면 크게 걱정하지는 않아도 됩니다. 아이들이 물을 팔레트에 직접 부어 버리는 일도 생깁니다. 물론 그러면 물컵의 물이 쏟아질 일도 없고, 물감을 빨리 만들 수 있는 장점도 있습니다. 아이들은 오랫동안 완전히 자신의 생각에 빠져 실험을 해 볼 수 있습니다. 색 섞기, 점 찍기와 데칼코마니 등 앞에서 설명한 많은 것 역시 수채 물감으로 해 볼 수 있습니다.

- **재료**
  템페라 물감, 종이, 붓, 물 한 컵
- **대상 연령**
  만 2세부터

•• 축축한 그림 놀이 ••

- 재료
  템페라 수채 물감, 종이, 붓, 물컵
- 대상 연령
  만 2세 후반부터

물을 접하는 것은 앞에서 말했다시피 아이들을 정말 흥분시키는 것입니다. 그렇기 때문에 아이들은 처음에는 그저 붓에 물만 묻혀 종이 전체를 칠하는 것만으로도 큰 재미를 느낍니다. 이렇게 물을 먼저 칠하고 난 다음 수채 물감으로 축축하게 젖은 종이를 다시 칠해 봅니다. 그러면 물감이 젖은 종이 위를 흘러가다 천천히 퍼지면서 섞이는 것을 흥미진진하게 볼 수 있는 효과를 맛볼 수 있습니다.

•• 풀칠 그림 ••

- 재료
  템페라 수채 물감, 종이, 벽지 풀, 접착제를 담을 컵, 붓, 물컵, 긁을 물건
- 대상 연령
  만 3세부터
- 사전 준비 사항
  접착제 혼합하기

뚜껑이 있는 통을 준비해 벽지 풀과 물을 미리 혼합해 놓습니다. 이 벽지 풀은 시간이 지나면 끈적끈적해지고 빨리 굳어 버리기 때문에 조심해야 합니다. 작은 병에 든 적은 양의 풀가루로도 충분합니다.

그러고 나서 붓으로 종이 위에 풀을 칠해 봅니다. 이걸 혼자 하는 것만으로도 아이들은 매우 즐거워합니다. 그다음 가능한 한 진한 색 물감으로 풀칠이 된 종이 위를 덧칠합니다. 그리고 붓 자루 뒷부분이나 젓가락, 꼬챙이 같은 것으로 풀과 색을 섞어 보며 긁습니다. 머리빗도 긁기에 아주 적당한 특별한 도구로 활용할 수 있습니다.
이 방법은 아이들이 색깔에 대한 훌륭한 실험을 하도록 도와줍니다.

•• 유리구슬 마법 ••

- 재료
  템페라 수채 물감, 신발 상자 뚜껑, 종이, 유리구슬, 붓
- 대상 연령
  만 3세부터

각각의 아이들에게 신발 상자 뚜껑을 오려 줍니다. 각 수채 물감 통에도 물을 채웁니다. 아이들은 팔레트 위에 있는 물에 선명한 색을 골라 떨어뜨려 물들인 다음, 붓으로 물을 저어 섞습니다. 각각의 아이들은 한 개 혹은 여러 개의 유리구슬을 물감 물에 넣었다가 상자 뚜껑에 놓고 상자 뚜껑을 이리저리 움직여 봅니다. 유리구슬은 이리저리 움직이면서 상자 뚜껑 위에 색색의 자국을 남깁니다. 더 많은 유리구슬에 다양한 색을 입혀 상자 뚜껑 위에 굴려 보도록 합니다. 그다음 유리구슬 그림을 말려 보관합니다.

소금 밀가루 반죽, 고무 찰흙과 점토를 반죽하고 모양내기

아이들은 거의 모든 사물과 재료를 열정적으로 탐험하고 실험합니다. 모든 것을 만져 보고, 움직여 보고 탐험해 보는 것입니다. 이런 관점에서 보면 아이들은 만지고 잡아 보는 것으로 주변 세상을 경험하고 있는 것입니다. 동시에 아이들은 부드러운 빵을 뭉그러뜨려 보거나 찻잔에 담긴 차가 탁자 위에 방울방울 떨어져 넓게 퍼지는 것과 같이 어른들의 세계에 도전하는 것이 될 수 있는 다양한 경험에 열광합니다. 좀 더 나이가 들면 아이들의 이러한 실험 정신과 어느 정도 제한된 범위 안에서 일어나는 모험은 부모님의 인내심이 필요하기도 합니다. 여기서 정말 중요한 점은, 아이들은 푸딩을 손으로 뭉개려는 것이 아니며 감자를 바닥에 떨어뜨려 굴리려는 것이 아니라 거기서 무언가를 배우고 있다는 것입니다. 또한 정말 명심해야 할 것은 아이들은 무언가를 만지고, 움직여 보고, 형태를 만들 수 있다는 것을 반드시 경험해야만 한다는 것입니다. 그렇기 때문에 이를테면 아이들이 이른 나이부터 빵을 굽거나 일상에서 요리를 할 때 같이 돕거나 밀가루를 같이 반죽할 수 있는 기회를 가진다는 것은 아주 중요한 것입니다.

•• 소금 밀가루 반죽하기 ••

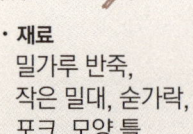

- 재료
  밀가루 반죽,
  작은 밀대, 숟가락,
  포크, 모양 틀
- 대상 연령
  만 2세부터

밀가루 반죽을 만드는 일에서부터 아이들은 큰 즐거움을 느낍니다. 아이들은 부모님의 도움을 받아 아래의 재료를 큰 그릇에 넣고 주걱으로 저어 섞어 줍니다.

밀가루 1kg, 소금 500g, 물 500ml

반죽한 밀가루 덩어리를 탁자 위에 놓고 치대어 반죽합니다. 물론 이 과정도 아이들은 잘 도울 수 있습니다. 밀가루 반죽이 끝나면 아이들에게 골고루 떼어 나누어 줍니다. 숟가락, 포크, 작은 밀대나 이쑤시개, 나무 젓가락 같은 물건을 탁자 위에 두고 밀가루 반죽을 눌러 마음껏 모양을 내어 봅니다.

아이들은 반죽을 받자마자 만져 보고 눌러 봅니다. 반죽을 잡아 뜯어 보거나 쪼개기도 하고, 구슬처럼 동그랗게 빚거나 소시지 모양으로 길게 빚어 보기도 하고, 큰 덩어리에 무늬를 그려 보기도 합니다. 아이들은 반죽 덩어리를 손과 도구를 이용해 오랫동안 충분히 즐기며 다루게 됩니다.

마지막에 아이들이 가지고 놀았던 밀가루 반죽을 큰 그릇에 모읍니다. 이 반죽 재료를 계속 실험할 수 있도록 뚜껑이 있는 그릇에 담으면 몇 주간도 보관이 가능합니다. 어느 정도 시간이 지날수록 반죽의 상태는 변해 점점 더 점도가 물러지고 부드러워집니다. 이런 상태가 되면 반죽으로 다시 활동을 해 봅니다.
중요한 점은 어른들이 아이들에게 다양한 실험을 허락해 주고 어른들은 반죽을 만지지 말아야 한다는 것입니다. 아이들과 같이 반죽을 할 때는 가능한 아이들이 보고 따라할 수 있는 물건으로 소시지나 구슬 같은 것을 같이 만들어 주세요.

•• 찰흙으로 모양내기 ••

찰흙은 다양한 쓰임에 맞게 구입할 수 있습니다. 공기에 닿으면 마르는 것도 있고, 공기 중에 두어도 성질을 오랫동안 유지하는 것도 있습니다. 다양한 색을 가지고 있어서 아이들의 호기심을 자극하는 것도 있습니다. 물론 다양한 색 점토를 모두 섞어 뭉치면 어두운 녹갈색 덩어리가 됩니다. 그렇기 때문에 어른들은 아이들이 너무 많은 색 점토를 섞어 버리지 않도록 지도해야 합니다. 아이들은 밀가루 반죽을 하며 재미를 느꼈던 경험이 있기 때문에 아이들은 이런 색이 변하는 현상에 대해 신경 쓰지 않습니다.

찰흙을 다루는 경험을 하면서 아이들은 밀가루 반죽과 찰흙이 아주 다르다는 것을 알게 됩니다. 찰흙은 아이들이 흥미를 느낄 때는 언제든지, 부모님이 밀가루 반죽을 하거나 점토 반죽을 하기를 기다릴 필요 없이 바로 만지고 활동할 수 있는 아주 큰 장점을 가지고 있습니다. 물론 가끔 고무 찰흙 덩어리가 탁자 위에 지저분하게 남거나 카펫 위로 부스러기가 떨어지는 단점도 있습니다. 이런 일이 발생하는 원인은 아이들이 찰흙을 가지고 놀 때 부모님이 아이들 방에 끝까지 함께 있지 않은 경우가 많습니다.

물론 집에서도 예쁘고, 부드럽고, 독성이 없는 찰흙을 직접 만들 수 있습니다.

재료
밀가루 2컵, 소금 2컵, 물 2컵, 식용유 2큰술,
포도산 2작은술(약국에서 구입 가능), 물감 몇 방울

모든 재료를 냄비에 넣은 다음, 약한 불에 올려놓고 큰 덩어리가 생길 때까지 잘 저어 줍니다. 골고루 섞이면 반죽을 식힌 다음 밀폐 용기에 담아 냉장고에 차갑게 둡니다. 이렇게 하면 오랫동안 보관이 가능하고 늘 반죽할 수 있는 상태가 됩니다.

- 재료
찰흙, 모양 틀, 칼, 포크, 작은 판자, 작은 형틀

- 대상 연령
만 2세 후반부터

●● 찰흙으로 반죽하기 ●●

- 재료
  찰흙, 작은 판, 칼, 뼈대로 사용할 작은 나무 막대기, 숟가락, 포크
- 대상 연령
  만 3세부터

찰흙은 소금 밀가루 반죽이나 고무 찰흙과는 완전히 다른 성질을 가진 재료입니다. 찰흙은 좀 더 점성이 높고 뻑뻑하기 때문에 아이들이 다루기에는 약간 어려울 수 있습니다. 또 찰흙으로 활동을 오래 하다 보면 손바닥 온도로도 쉽게 말라 버리기도 합니다. 하지만 또 찰흙은 한 번 만든 형태나 새긴 모양이 쉽게 물러지는 밀가루 반죽에 비해 좀 더 단단하고 오래 유지되는 장점도 있습니다. 찰흙을 만져 보고 실험해 보며 모양을 만들어 보는 것은 아이들에게 색다른 경험이 될 것입니다.

찰흙은 문구점이나 마트에서도 쉽게 구할 수 있으므로 한꺼번에 많은 양을 구입할 필요는 없습니다. 그렇기 때문에 아이들끼리 함께 모여 반죽을 나누어 함께 활동을 하는 것도 좋은 방법이 될 것입니다. 시중에는 흰색, 빨간색, 검은색으로 색을 낸 찰흙을 판매하고 있는데 전부 아동이 사용하기에는 무리가 없습니다.

찰흙은 플라스틱 용기에 밀폐하여 보관하거나 비닐봉지에 밀봉 보관합니다. 찰흙이 공기에 닿았거나 반죽하는 동안 손바닥 온도 때문에 말라 버렸을 때는 찰흙 덩어리에 나무 꼬챙이로 구멍을 내어 약간 넓힌 후 물을 조금 부어 놓고, 젖은 천으로 덮어 밀폐용기나 비닐에 잘 밀봉해 둡니다. 그러면 찰흙이 습기를 흡수해 다시 반죽하기 좋은 상태가 됩니다. 아이들은 찰흙을 소금 밀가루 반죽 때와 마찬가지로 손이나 나무 틀, 숟가락, 칼, 포크 등을 이용하여 자유롭게 활동하도록 합니다.

여기서도 역시 아이들의 활동 목적은 어떤 특정한 형태나 형상을 만들기 위한 것이 아닙니다. 아이들이 잘게 나누어 반죽한 찰흙을 다시 하나로 모아 뭉치고 싶어 하지 않으면 활동한 조각을 공기 중에 말리거나 가마에 구울 수도 있습니다. 공기 중에 건조시킨 찰흙 조각은 구운 것보다 견고하지 않으므로 나중에 아이들이 가지고 놀기에는 적합하지 않습니다.

찰흙 활동물은 되도록 천천히 건조시켜야 합니다. 가장 좋은 방법은 공기가 통하는 곳에 세우고(잡지나 락스를 칠하지 않은 나무) 시원한 곳에서 약 이틀 정도 물에 젖은 신문지로 덮어 건조시키는 것입니다. 작고 섬세한 모서리 부분이 많은 평평한 그림은 건조 중 쉽게 일그러지기 때문에 건조시키기가 더욱 어렵습니다. 크기에 따라 찰흙 작품들은 건조 시키는데 약 8일에서 10일 정도 걸리기도 합니다.

종이, 털실, 빨대 자르고 붙이기

종이에 대한 관심은 저절로 생겨납니다. 엄마의 잡지를 손으로 찢기도 하고 탁자 위의 편지나 반짝이는 광고용지를 찢어 버리는 일에 아이들은 열광합니다. 종이로 바스락거리는 소리를 내기 위해 마구 구겨 버리거나 찢어 볼 수도 있고 마구 낙서를 해 볼 수도 있습니다.

●● 종이 찢기 ●●

- **재료**
  다양한 종류의 종이
- **대상 연령**
  만 2세부터

종이를 찢는 일은 아직 어린 아이들에게는 그리 쉬운 일은 아닙니다. 부모님이 아이들에게 종이가 어떻게 찢어질 수 있는지 보여 준 다음에 종이를 길게 찢어 주면 아이들은 찢어진 종잇조각을 좀 더 쉽게 작은 조각으로 찢을 수 있습니다. 이 과정은 아이들에게 정말 커다란 기쁨을 줍니다. 다양한 종류의 종이로 이런 활동을 경험하면 아이들은 재료의 차이를 이해하고 경험하게 됩니다.

•• 종이자르기 ••

다음 단계는 다양한 종류의 종이를 잘라 보는 것입니다. 가위는 대부분의 아이들이 큰 관심을 보이는 물건이므로 두 날이 안전하게 묶인 것을 아이들이 사용하게 해야 합니다. 아이들은 두 돌 중반이 지나면 어른의 도움을 받아 가위질을 해 볼 수 있습니다. 이때 아이들이 사용하는 가위는 모서리가 다 둥글게 처리된 아동용 가위여야 하는데 자르는 기능에는 아무 문제가 없습니다. 대부분의 아이들이 처음에는 가위를 양손으로 잡고 사용하려 합니다. 아이들이 처음으로 가위질을 하려고 할 때 부모님이 종이를 팽팽하게 잡아 준다면 큰 도움이 될 것입니다. 나중에는 아이들이 한 손으로만 가위질을 해보려 시도할 것입니다. 이때도 역시 부모님이 가위를 아이와 함께 잡고 가위질을 연습해 보면 큰 도움이 됩니다.

사실 어떤 아이들은 자신이 처음으로 가위질을 해서 잘려진 조각을 보고 큰 기쁨을 느끼고 빠져들기 때문에 자르는 데 너무 열중해 손가락을 다치지 않는지 잘 지켜보아야 합니다. 하지만 부모님은 아이들에게 가위는 물건을 자르기 위한 것임을 인지시켜야 합니다. 부모님은 아이들과 함께 자르기 연습을 하면서 어떤 것은 잘라도 되고, 어떤 것은 자르면 안 되는지 반복해서 설명해 주어야 합니다.

가위를 안전하게 다루게 되고, 그어진 선을 따라 어느 정도 능숙하게 가위질을 할 수 있기까지는 시간이 좀 걸립니다. 부모님은 정해진 형태를 따라 정확하게 가위질을 하는 기대를 강요해서 아이들에게 부담을 주는 일은 없어야 합니다. 아이들이 마음껏 자른 종이가 형태에 맞춰 분명하고 정확하게 자른 것보다 더 보기 좋은 것입니다.

- 재료
  종이, 가위
- 대상 연령
  만 2세 후반부터

●● 빨대 자르기 ●●

- **재료**
  빨대, 가위,
  경우에 따라 나일론
  실이나 털실,
  자수바늘,
  경우에 따라 금색 종
  이나 작은 구슬
- **대상 연령**
  만 2세 후반부터

다양한 놀이 그룹을 지도하면서 나는 아이들이 빨대를 자르는 것에 큰 재미를 느낀다는 사실을 우연히 알게 되었습니다. 빨대는 아주 쉽게 잘라지는 재료입니다. 단단하지만 다른 것에 비해 작은 힘으로도 쉽게 자를 수 있습니다. 그렇기 때문에 아이들은 잘린 빨대 조각을 들고 즐거워하는 등 좋은 영향을 받습니다.

좀 더 큰 아이들은 빨대 조각을 나일론 실이나 바늘에 꿴 털실로 엮을 수 있습니다. 더 나아가 빨대 조각 사이에 작은 금색 종잇조각이나 작은 나무 구슬을 넣어 꿸 수도 있습니다. 그러면 세상에서 단 하나밖에 없는 예쁜 목걸이가 완성됩니다.

●● 털실 마음껏 잘라 보기 ●●

- **재료**
  털실 뭉치, 가위
- **대상 연령**
  만 2세 후반부터

짧고 긴 털실을 자르는 일은 아이들에게 큰 재미를 안겨 줍니다. 털실을 자르는 것은 종이를 자르는 것보다 훨씬 쉽습니다. 여기서도 어른들은 아이를 도울 수 있는데 아이들이 가위를 이용해 털실을 한 손이나 두 손으로 자를 수 있도록 털실을 팽팽하게 당겨 줍니다. 짧게 자른 털실 조각은 마분지에 콜라주로 붙일 수도 있습니다.

•• 종이와 마분지에 붙이기 ••

다양한 크기와 모양으로 잘린 종잇조각을 이용해 아이들은 예쁜 그림이나 콜라주 작품을 만들 수 있습니다. 종잇조각을 종이나 엽서, 마분지나 상자 겉면에 붙여보는 것입니다. 이 활동을 할 때는 다양한 종류의 접착제를 사용할 수 있습니다. 액체 풀이나 스틱형 풀, 벽지용 풀 혹은 투명 테이프 등을 이용해 봅니다.

○ 스틱형 풀은 좁은 면을 작업하거나 작은 종잇조각을 붙일 때 이용하는 것이 좋습니다. 좀 더 넓은 면을 작업할 때는 다른 접착제를 이용하는 것이 좋습니다. 아직 어린 아이들은 넓은 면을 이런 스틱형 풀로 작업하는 것이 어렵기 때문에 그 상황에 맞는 다른 접착제를 사용해야 합니다.

○ 대부분의 접착제는 튜브나 통에 들어 있는 경우가 많습니다. 이런 형태의 접착제들은 손에 직접 닿아도 해로운 성분을 포함하고 있지 않습니다. 다시 말해 독성이 없고 환경 친화적입니다. 그러나 대부분 종이에 사용하기에는 접착력이 강해 일부의 접착 활동에는 적합하지 않은 경우도 있습니다. 아이들이 처음 종잇조각 붙이기 활동을 할 때는 친환경 접착제가 더 적당합니다.

○ 벽지용 풀은 마분지나 종이로 아주 넓은 면을 작업할 때 특히 좋은 재료이며 작은 상자나 큰 박스를 장식할 때 요긴하게 쓰입니다. 단점이 있다면 수분을 많이 함유하고 있는 편이라 종이의 종류에 따라 종이가 심하게 울거나 뒤틀릴 수 있다는 것입니다. 종이가 심하게 울어 버리면 다음 활동에 사용하기 어렵기 때문에 벽지용 풀은 만들기 활동에만 사용하는 것으로 쓰임을 한정시켜야 합니다. 참고로 벽지용 풀을 사용하는 것을 아이들은 아주 좋아합니다.

○ 투명 테이프는 이 책의 다양한 만들기 활동에서는 극히 일부분에서만 쓰일 것입니다. 아이들은 투명 테이프를 가정에서 아주 흔하게 대합니다. 또 이 투명 테이프를 이용해 붙이는 일을 아주 좋아하고 만들기 놀이를 할 때 다양한 재료를 서로 붙이는 용도로 자주 사용합니다.

· 재료
다양한 종류의 종이, 마분지나 상자, 가위, 접착제, 풀, 투명 테이프

· 대상 연령
만 2세 후반부터

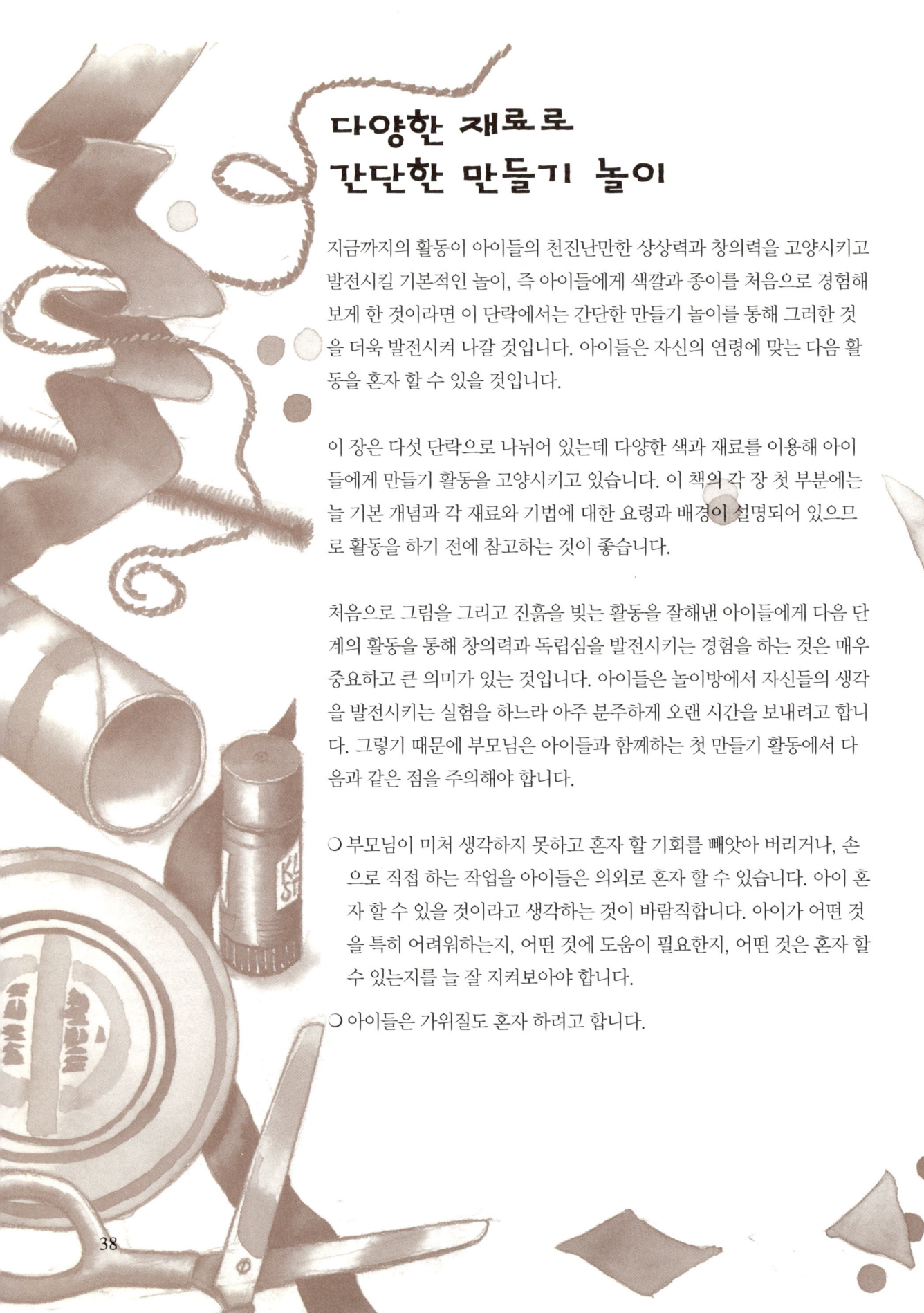

다양한 재료로
간단한 만들기 놀이

지금까지의 활동이 아이들의 천진난만한 상상력과 창의력을 고양시키고 발전시킬 기본적인 놀이, 즉 아이들에게 색깔과 종이를 처음으로 경험해 보게 한 것이라면 이 단락에서는 간단한 만들기 놀이를 통해 그러한 것을 더욱 발전시켜 나갈 것입니다. 아이들은 자신의 연령에 맞는 다음 활동을 혼자 할 수 있을 것입니다.

이 장은 다섯 단락으로 나뉘어 있는데 다양한 색과 재료를 이용해 아이들에게 만들기 활동을 고양시키고 있습니다. 이 책의 각 장 첫 부분에는 늘 기본 개념과 각 재료와 기법에 대한 요령과 배경이 설명되어 있으므로 활동을 하기 전에 참고하는 것이 좋습니다.

처음으로 그림을 그리고 진흙을 빚는 활동을 잘해낸 아이들에게 다음 단계의 활동을 통해 창의력과 독립심을 발전시키는 경험을 하는 것은 매우 중요하고 큰 의미가 있는 것입니다. 아이들은 놀이방에서 자신들의 생각을 발전시키는 실험을 하느라 아주 분주하게 오랜 시간을 보내려고 합니다. 그렇기 때문에 부모님은 아이들과 함께하는 첫 만들기 활동에서 다음과 같은 점을 주의해야 합니다.

○ 부모님이 미처 생각하지 못하고 혼자 할 기회를 빼앗아 버리거나, 손으로 직접 하는 작업을 아이들은 의외로 혼자 할 수 있습니다. 아이 혼자 할 수 있을 것이라고 생각하는 것이 바람직합니다. 아이가 어떤 것을 특히 어려워하는지, 어떤 것에 도움이 필요한지, 어떤 것은 혼자 할 수 있는지를 늘 잘 지켜보아야 합니다.

○ 아이들은 가위질도 혼자 하려고 합니다.

부모님은 아주 큰 조각이나 어려운 모양을 자를 때만 도움을 주도록 합니다. 천을 자르거나 종잇조각을 붙이는 일이 아이들에게는 매우 중요하고 더 큰 즐거움을 줍니다.

○ 만들기 활동을 할 때 부모님은 아이들이 자유롭게 활동하도록 내버려 두어야 하며, 작업을 할 때 다양하고 풍부한 색과 재료를 이용해 다양한 자극을 받을 수 있도록 해야 합니다. 따라서 늘 아이들이 다음 실험을 하기 위한 색과 재료들을 구비해 놓아야 합니다.

○ 독립심을 키워주기 위해서 별이나 나무, 양 모양이 마분지에 미리 그려진 견본을 주기보다는 아이들에게 미리 오려놓은 마분지 견본을 주고 아이들에게 견본을 마분지에다 대고 연필로 그리도록 합니다. 혹은 아이들 스스로 견본을 만들어 보게 할 수도 있습니다. 나는 이렇게 아이들이 견본을 대고 따라 그리는 것에 즐거워하는 모습을 많이 보았습니다. 또 그림 그리기나 붙이기 활동이 없어도 그림을 여러 번 그리는 동기가 되는 것을 확인했습니다. 그런 이유로 나는 만들기 시간에는 항상 마분지로 미리 견본을 준비해 놓고 아이들에게 견본을 종이에 대고 혼자 따라 그리도록 합니다.

견본을 만드는 법:
다양한 견본은 이 책의 마지막에 첨부되어 있습니다. 부모님은 원하는 형태의 견본을 마분지에 놓거나 아니면 아주 얇은 종이를 견본 위에 올려놓고 연필로 형태를 따라 그립니다. 그러고 나서 형태대로 종이를 자릅니다. 그리고 그 종이를 다시 두꺼운 마분지 위에 올려놓고 다시 형태를 연필로 그린 다음 그대로 자릅니다.

○ 아마도 어른들은 보기 좋거나 재미있는 모양을 그리거나 만들어야 한다고 생각할 것입니다. 하지만 사실 그어진 선을 따라서 정확하게 자를 필요도 없고 주어진 모양을 정확하게 똑같이 만들 필요도 없습니다. 이것은 그저 아이들에게 즐거움을 주기 위한 것이라는 점을 잊지 말아야 합니다.

색깔, 종이, 접착 재료

•• 선물 포장지 ••

- **재료**
  템페라 수채 물감, 선물 포장지 혹은 다른 큰 종이, 붓, 물컵
- **대상 연령**
  만 3세부터

전지 크기만 한 큰 종이에 아이들은 스스로 수채 물감으로 다양한 무늬를 그려 자신만의 예쁜 선물용 포장지를 만들어 볼 수 있습니다. 물론 종이를 구김 없이 쫙 펴서 그림을 그리는 것은 아이들에게 쉬운 일이 아닙니다. 아이들은 종종 종이의 중앙에만 집중하거나 특정 모서리에만 집중합니다. 부모님은 아이들이 크게 선을 그어 보고, 번개무늬, 나선, 물결무늬, 점 등을 종이 전체에 골고루 나누어 그리거나 낙서할 수 있도록 유도합니다. 아이들에게 가장 쉬운 방법은 하나의 무늬, 예를 들어 물결무늬를 정해 여러 색으로 덧칠해 보도록 하는 것입니다. 또 여러 가지 색깔로 손바닥이나 손가락을 찍어 보는 것도 예쁜 선물용 포장지를 만드는 방법입니다. 아이들은 그렇게 다양한 무늬를 시도해 볼 수 있습니다.

•• 장식 갈런드 만들기 ••

아이들 방을 꾸미거나 파티 때 방을 장식할 갈런드를 만들어 보는 것도 아주 좋은 생각입니다. 이것을 통해서 아이들은 자르는 즐거움을 마음껏 즐기고 가위질도 충분히 연습할 기회를 가집니다.

우선 주름지를 폭 약 10cm 정도로 가능한 한 길게 자릅니다. 아이들이 종이를 짧게 잘라 버리는 것을 방지하기 위해 폭이 이 정도는 되어야 합니다. 아직 종이를 많이 잘라 본 경험이 없는 아이를 위해서는 부모님이 길게 자르는 것에 도움을 줄 수도 있습니다. 길게 잘랐으면 그걸 두 번 혹은 세 번 정도 겹쳐서 접은 다음, 아이들이 주름지 양쪽 면을 가위로 조금씩 여러 번 자르도록 합니다.(그림 참조) 부모님이 종이를 팽팽하게 접을 때 아이들도 그것을 돕게 합니다. 종이가 여러 겹으로 겹쳐 있으면 아이들이 갈런드를 순식간에 완성할 수 있습니다. 만약 아주 긴 갈런드를 만들어 보고 싶을 때는 더 여러 겹을 스테이플러로 고정시켜 만들 수 있습니다.

갈런드를 방에 걸어 장식하기 전에 갈런드를 여러 번 꼬아 주어야 합니다. 우선 갈런드의 끝을 스테이플러로 벽에 박아 고정해 놓고 반대쪽 끝 부분을 벽에 고정시키기 전에 오른쪽이나 왼쪽으로 돌려 꼬면 아주 간단합니다. (그림 참조) 그러면 여러 번 작게 잘려진 부분들이 더 예쁘게 됩니다. 두 가지 색종이로 갈런드를 만들어 같이 걸거나 서로 꼬아 걸어두면 아주 근사한 장식이 됩니다.

• 재료
주름지(크레이프지), 가위, 스테이플러, 압정

• 대상 연령
만 3세부터

●● 방울 염색 ●●

- **재료**
  템페라 수채 물감, 흡수지, 양초, 성냥, 붓, 물컵, 헤어드라이기, 잡지, 다리미
- **대상 연령**
  만 4세부터

아이들에게 어쩌면 위험해 보이는 이 꾸미기 활동은 불붙은 양초를 이용하는 방법입니다. 대부분의 부모님은 아이들이 불붙은 양초를 다루어야 한다는 사실을 듣고는 이 활동에 굉장히 회의적인 반응을 보입니다. 하지만 결국에는 아이들이 어른의 감독하에 그것을 아주 잘 다룬다는 사실을 인정하게 됩니다.

흡수성을 가진 종잇조각 위로 양초에 불을 붙여 촛농을 떨어뜨립니다. 그런 다음 양초의 불을 끄고 촛농을 떨어뜨린 곳에다가 밝은색 계열의 수채 물감을 칠합니다. 그리고 종이를 헤어드라이기로 말립니다. 이때 드라이기를 너무 가까이 대어 촛농이 녹아 버리지 않도록 주의해야 합니다. 물감이 다 말랐으면 다시 촛농을 그 위에 떨어뜨리고 이번에는 조금 어두운 색을 골라 그 위에 다시 칠하고 말립니다. 이 단계가 되면 종이는 아주 흥미로운 모습을 드러내기 때문에 아이들은 이 단계에서 멈출 수 있습니다. 하지만 촛농을 한 번 더 떨어뜨리고 좀 더 어두운 색을 한 번 더 칠한 다음 말려도 됩니다.

마지막으로 그 종이를 부모님이 아이들과 함께 높은 온도로 데워진 다리미로 다립니다. 이때 그림을 잡지 뭉치 같은 곳 위에 놓고 그림 위에도 잡지나 신문지 같은 종이로 덮어 주어야 합니다. 촛농이 열에 녹아 그림 위를 덮은 잡지에 흡수될 때까지 다림질을 해 줍니다. 이렇게 완성된 방울 염색 종이는 그 전체를 아이들 방에 있는 창문에 붙이거나 별 모양 등으로 잘라서 창문을 장식할 수 있습니다. 빛이 그 종이를 통과하면 아름다운 색이 비치는 모습이 정말 예쁩니다.

이 방울 염색 종이를 조각으로 오려 흰색 상자에 붙여 예쁜 엽서를 만들어 볼 수도 있습니다. 이렇게 만든 예쁜 엽서를 할머니와 할아버지가 받는다면 굉장히 기뻐할 것입니다.
이 염색 종이를 이용해 예쁜 전등갓을 만들 수도 있습니다. 아이들이 만든 종이를 구멍이 뚫린 둥그런 상자 틀 같은 곳에 스테이플러로 고정시켜 줍니다. 이렇게 하면 축제 행렬에 사용할 작은 전등갓이 완성됩니다.

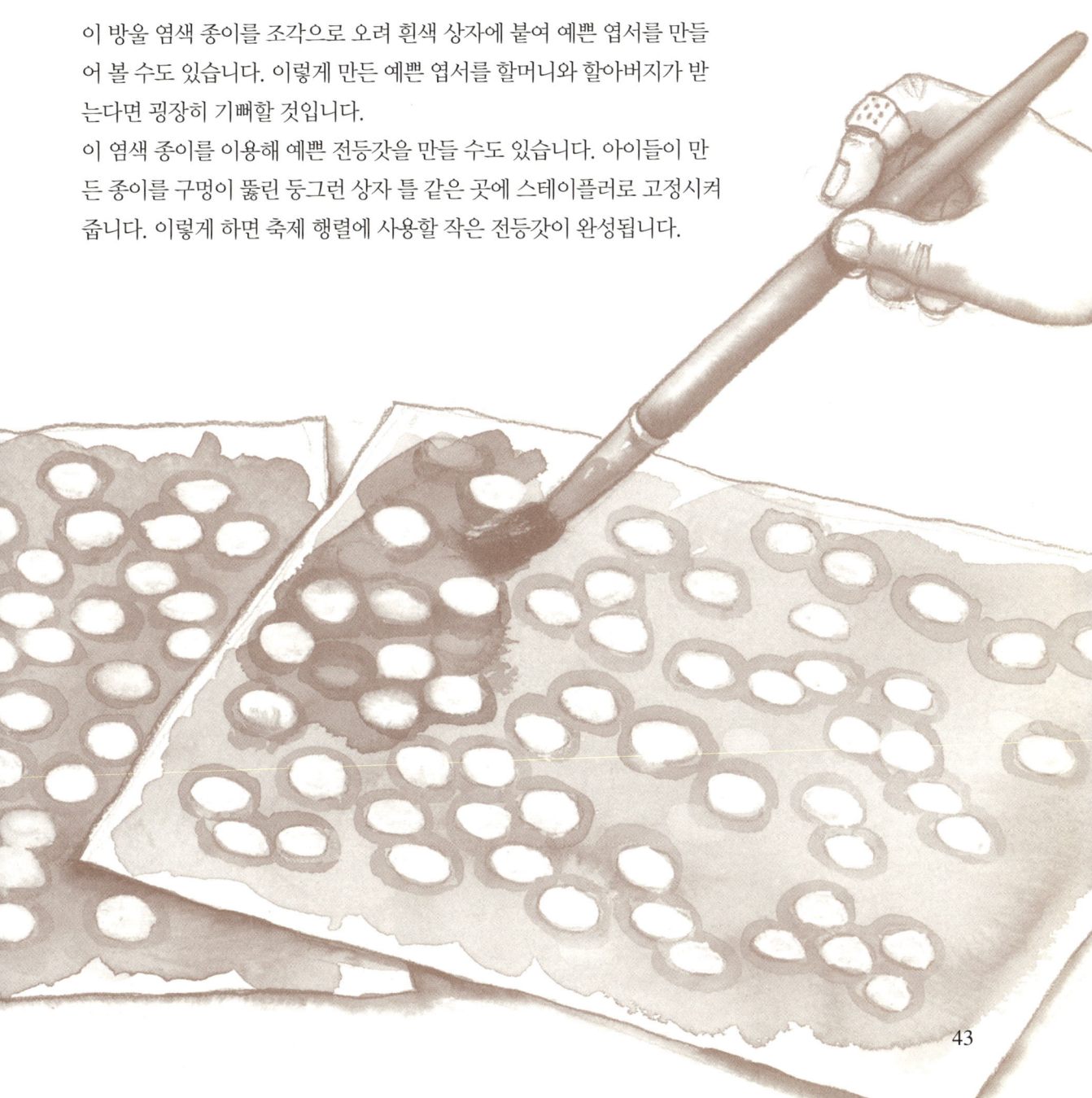

•• 색동 나비 ••

- **재료**
  알록달록한 마분지 상자, 견본용 마분지, 장식할 종이, 가위, 연필, 풀
- **대상 연령**
  만 3세부터
- **사전 준비 사항**
  마분지를 이용해 견본을 미리 만들어 둡니다.

나비 모양의 견본을 이용해 아이들이 알록달록한 상자 종이 위에 그림을 그리고 오려내도록 합니다. 그리고 작게 자르거나 찢어 놓은 종잇조각을 준비합니다. 이때 종잇조각은 금색 종이나 색지, 무지개무늬 종이(다양한 색으로 선이 그려져 있는 것으로 문구점에서 구입 가능)를 이용하는 것이 좋습니다. 이 종이를 나비 한쪽 면에 풀을 이용해 붙여 줍니다. 방을 장식하는 용도로 사용하려면 나비의 한쪽 면에 종이를 붙인 것으로도 충분히 예쁘긴 하지만 양쪽 면에 전부 종이를 붙여도 됩니다. 나비에 붙인 종이가 너무 크거나 넓어서 나비 모양 밖으로 삐죽 튀어나오면 마지막에 예쁘게 다듬어 잘라 주면 됩니다.

•• 과일나무 ••

- **재료**
  초록색이나 갈색 마분지 상자, 견본용 마분지, 주름지, 풀, 연필, 가위
- **대상 연령**
  만 3세 중반 이후부터
- **사전 준비 사항**
  마분지로 견본을 미리 만들어 둡니다.

약 A4 용지 크기 정도의 초록색이나 갈색 마분지에 나무 모양 견본을 따라 그린 다음 그것을 오려냅니다. 아직 그림 그리기에 익숙하지 않은 아이는 마분지에다가 견본을 대고 연필로 따라 그리게 합니다. 아이가 전부 나무를 잘라냈으면 그 위를 색색의 작은 구슬 여러 개를 꾹 눌러 두고 잘게 자른 주름지 조각을 준비합니다. 이 구슬에 풀을 묻혀 나무 꼭대기에 핀 꽃처럼 잘 붙여 줍니다.

●● 재미있는 용 ●●

색 마분지를 가로세로 21cm 길이로 자릅니다. 이 정사각형을 대각선 방향으로 반으로 접습니다. 그러면 다음과 같은 삼각형이 생겨납니다. (그림 참조) 그러면 종이를 다시 편 양쪽 모서리를 서로 맞대게 접힌 부분을 향해 접어 줍니다. (그림 참조) 접힌 모서리를 풀로 칠해 붙이고 다른 쪽에 색연필로 눈, 코, 입을 그려 넣으면 멋진 용 모양이 만들어집니다. 구멍을 뚫는 송곳을 이용해 용의 아래 모서리에 구멍을 내고 약 40cm 길이의 털실을 묶어 용의 꼬리를 만들어 줍니다.
아이는 부모님의 도움을 받아 주름지 몇 개를 작고 길쭉하게 잘라내어 꼬리에 묶어 주도록 합니다. 이때 자른 주름지 두 개를 용 오른쪽과 왼쪽 모서리에 스테이플러로 고정시켜 귀가 달린 것처럼 할 수도 있습니다.

- **재료**
  색 마분지, 연필, 털실, 색색의 주름지, 풀, 가위, 연필, 구멍 뚫는 송곳, 스테이플러
- **대상 연령**
  만 3세 중반부터

●● 필터 종이 염색 ●●

- **재료**
  템페라 수채 물감, 흰색 커피 필터나 필터용 종이, 붓, 물컵
- **대상 연령**
  만 2세 후반부터

필터용 종이를 이용해서 아주 다양하고 재미있는 놀이를 할 수 있습니다. 아이들이 수채 물감을 이용해 놀이와 실험을 할 때 부모님은 필터용 종이로 재미있는 모습을 다양하게 보여 줄 수 있습니다. 여기에는 일반적인 커피 필터용 종이나 다양한 크기의 필터용 종이가 필요합니다. 작고 둥근 모양의 일반용 필터 종이는 슈퍼에서 구입할 수 있지만 큰 필터용 종이는 도매점에서만 구할 수 있습니다. 하지만 운이 좋으면 레스토랑이나 음식점, 카페 같은 곳에서 크고 둥근 필터용 종이를 몇 장 얻을 수도 있습니다.

필터용 종이에 그림을 그리면 아주 특별하고 예쁜 효과를 얻을 수 있습니다. 필터용 종이는 물을 흡수하는 성질이 있어 수채 물감을 빨아들여 마치 수채화처럼 물감이 예쁘게 번지고 퍼지게 합니다. 이 활동에서 중요한 것은 아이들이 충분한 물을 사용하게 하거나 필터 종이에 물을 미리 먹여 사용하는 것입니다.

필터 종이에 그림 그리기가 끝났으면 휴지 등으로 물기를 제거하고 잘 말립니다. 좀 더 빨리 완성하고 싶으면 헤어드라이기를 이용하면 됩니다. 마른 필터 종이는 아이들이 다음 장에 나오는 활동을 하기 전에 잠시 두꺼운 책이나 무거운 물건 사이에 끼워 눌러 둡니다. 기다리는 동안 아이들은 수채 물감을 이용해 다른 그림을 그리도록 유도할 수도 있습니다.

•• 필터 종이 컵받침 만들기 ••

앞 장에서 설명한 것과 같이 충분한 양의 물을 이용해 둥근 필터 종이에 수채 물감으로 그림을 그립니다. 그런 다음 휴지 등으로 눌러 물기를 제거하고 말린 다음 무거운 것으로 눌러 놓습니다. 이렇게 말린 종이를 절반으로 접습니다. 반으로 접은 종이를 다시 한 번 절반으로 접습니다. 이렇게 세 번 정도 접어 4분의 1등분의 부채꼴 모양으로 접습니다. 아이들은 이렇게 4분의 1 등분이나 8분의 1등분의 부채꼴로 접혀진 종이 모서리를 작은 삼각형 모양으로 잘라냅니다. 이렇게 접힌 종이를 가위질하고 다시 펴면 색이 알록달록한 예쁜 컵 받침이 만들어집니다. 아이들에게는 이 과정은 마치 마법과도 같습니다. 부모님은 작품이 접혀 있을 때 아이들의 눈이 빛나는 것을 지켜보아야 합니다. 대부분 아이들은 결과물이 어떻게 나올지 예상하지 못하고 종이를 접어 자르곤 합니다.

- **재료**
  템페라 수채 물감, 크고 둥근 필터 종이, 붓, 가위, 물컵
- **대상 연령**
  만 3세부터

●● 꽃밭 ●●

- **재료**
  템페라 수채 물감,
  초록색 손가락 물감,
  약 1m 벽지, 작은 크기의
  둥근 필터 종이, 붓,
  풀, 가위, 물컵,
  상황에 따라 크레파스
- **대상 연령**
  만 2세 후반부터

이 꽃밭 활동은 여러 명의 아이들이 이틀 동안 다 같이 모여 함께 작업하는 것이 가장 좋습니다. 첫째 날, 아이들은 다 함께 손바닥이나 붓에 초록색 손가락 물감을 묻혀 벽지 뒷면 전체를 초록색으로 만듭니다. 이때 아이들이 둘러서서 작업할 탁자가 벽지보다 너무 크지 않도록 하는 것이 좋습니다. 이런 방법을 사용하면 벽지 전체를 아주 효과적으로 채울 수 있습니다. 이렇게 한 가지 색으로만 칠하는 것에 지루함을 느끼지 않도록 하는 방법이 있습니다. 나는 이런 작업을 할 때면 아이들에게 하얀 종이를 초록색으로 변하게 하는 마술을 도와주지 않겠냐고 말하곤 합니다. 그러면 아이들은 종이의 흰색 부분을 초록색으로 변하게 하려고 색칠하기에 열정적으로 참여합니다. 그러면 초록색 들판은 아주 눈 깜짝할 사이에 완성됩니다. 이렇게 완성된 종이는 오랫동안 말려야 하기 때문에 아이들은 그동안 다른 종이에 손가락 물감으로 그림을 그리고 여러 놀이를 하면 됩니다.

둘째 날, 아이들은 각자 둥근 필터 종이에 물을 충분히 적셔 수채 물감으로 예쁘게 색칠합니다. 색칠을 한 종이는 휴지 사이에 끼워 물을 제거하고 말린 다음 눌러 줍니다. (필터 종이 염색 부분 참조)

대체로 만 두 돌 중반 이후가 되면 이렇게 말린 색색의 둥근 종이를 초록색 벽지 위에 놓고 예쁜 꽃밭으로 꾸밀 수 있습니다. 좀 더 큰 아이들은 이 색색의 둥근 종이를 가위로 동그랗고 예쁘게 자르거나 둘레를 조그만 세모꼴로 잘라내어 꾸밀 수 있습니다. 필요에 따라 약간의 도움을 받아 꽃 모양으로 예쁘게 잘라 꾸며 봅니다. 이렇게 장식한 종이를 꽃으로 삼아 푸른 밭 여기저기에 붙이고 어두운 색 크레파스나 짙은 색 수성 물감을 이용해 줄기나 잎을 그려 줄 수도 있습니다.

●● 빨대 꽃 ●●

동그란 필터 종이를 이용해 〈필터 종이 염색〉 부분에서 설명한 대로 수채 물감을 이용해 알록달록한 색으로 물들인 작품을 말린 뒤 잠깐 눌러 놓습니다. 종이가 마르면 접착제를 바른 뒤 윗부분이 꺾이는 빨대를 놓고 그 위에 다른 종이를 놓고 눌러 붙입니다. 양쪽의 종이를 아이들이 잠깐 눌러 고정시킵니다. 다른 종이는 중간을 가로질러 자르든가 다른 종이로 4분의 1 크기의 부채꼴로 접어 봅니다. 이것 역시 한쪽 면에 풀칠을 하고 이파리처럼 빨대에 꼭 눌러 붙여 봅니다. (그림 참조) 좀 더 큰 아이들은 이 꽃잎을 좀 더 예쁜 모양으로 둥글게 잘라 꾸미거나 모서리 부분을 작게 잘라내어 꾸밀 수 있습니다.

- **재료**
  템페라 수채 물감, 둥근 필터 종이 세 장 (10~12cm 직경), 꺾이는 빨대, 풀, 붓, 가위, 물컵

- **대상 연령**
  만 3세부터

•• 수족관 ••

- **재료**
  템페라 수채 물감,
  크레파스, 약 1m 정도의
  벽지, 작은 크기의
  둥근 필터 종이, 붓,
  풀, 가위, 물컵

- **대상 연령**
  만 3세부터

수족관은 꽃밭 활동처럼 아이들의 단체 활동으로 이틀에 걸쳐 만들어집니다. 첫째 날, 아이들에게 흰색 벽지에다 푸른색과 연두색 수채 물감으로 마술 놀이를 하도록 합니다. 이렇게 물들인 벽지는 잘 말려 둡니다. 그 사이에 아이들은 나중에 파란 바다를 예쁘게 빛내줄 물고기가 될 필터 종이를 수채 물감으로 예쁘게 색칠합니다. 색칠한 필터 종이는 물기를 잘 제거하고 말린 다음 잘 눌러 둡니다. (필터 종이 염색 부분 참조)

둘째 날, 아이들은 마른 필터 종이를 이용해 생선 입 부분을 조금 자르고 짙은 색 크레파스로 눈을 그려 넣습니다. 아이들이 원하는 대로 생선 모양을 동그랗게 두어도 되고 아니면 다른 생선 모양으로(예를 들어 납작한 가물치 같은) 잘라 만들어도 됩니다. 이렇게 만들어진 생선을 아이들은 푸른색 벽지에 붙입니다. 필요에 따라서 잘라놓은 여분의 필터 종이로 물고기의 지느러미나 꼬리를 만들어 붙여 장식해도 됩니다. 이렇게 하면 앞으로 먹이를 주지 않아도 되는 멋진 수족관을 만들 수 있습니다.

•• 커피 필터로 만든 나비 ••

가위로 필터 종이의 가장 긴 부분을 아주 바짝 잘라내고 접착되어 있는 좁은 부분을 아래로 해서 펼칩니다. (그림 참조) 이렇게 펼친 커피 필터 종이에 물을 충분히 적신 다음 수채 물감으로 예쁘게 색칠하고 휴지로 물기를 제거한 다음 공기 중에 말리거나 빨리 완성하고 싶을 때는 헤어 드라이기로 말립니다.

필터 종이가 다 건조되었으면 아이들에게 필터 종이 양쪽을 펼치고 안쪽 연결 부위에 풀을 칠하도록 합니다. 그다음 그 자리에 빨대의 꺾이는 쪽이 위쪽으로 빨대 끝 부분이 조금 나오도록 놓고 잘 붙이도록 합니다. (그림 참조) 그런 다음 나비 날개 부분을 다시 맞물리게 잘 잡고 꼭 눌러 빨대가 잘 붙을 수 있도록 잠시 고정시킵니다. 그리고 가위로 빨대의 짧은 부분을 절반 정도 잘라냅니다. 그런 다음 빨대 솔을 약 10cm 길이로 잘라 절반으로 접어 구부립니다. 이것을 빨대가 구부러지는 앞쪽 빨대의 짧은 부분 입구 쪽에 잘 붙여 줍니다. 이 부분은 나비의 더듬이가 됩니다. 풀이 완전히 마르면 아이들에게 나비의 뒷부분 빨대가 긴 쪽을 잡고 조심스럽게 하늘로 날려 보도록 합니다. 그러면 나비의 날개가 팔락이는 것을 볼 수 있을 것입니다. 모두 함께 나비를 교실에서 날려 볼 수도 있습니다.

- **재료**
  템페라 수채 물감, 흰색 커피 필터 종이, 꺾이는 빨대, 빨대 청소 솔, 풀, 가위, 붓, 물컵
- **대상 연령**
  만 3세부터

•• 부활절 달걀 만들기 ••

- **재료**
  삶은 달걀, 사인펜, 천연 밀랍 크레파스, 작은 스티커 혹은 고무 색종이, 얇은 색지, 알루미늄 포일, 달걀 세울 수 있는 종지, 낡은 천이나 스펀지, 키친타월, 식용유
- **대상 연령**
  만 3세부터
- **사전 준비 사항**
  달걀은 완숙으로 단단하게 삶아 놓습니다.
  얇은 색지로 도장을 미리 만들어 놓습니다.

놀이 그룹을 하다 보면 부모님이 아이들에게 달걀 꾸미기를 할 수 있는지 자주 질문을 합니다. 달걀 장식을 위해 나는 4가지 다양한 방법을 생각해 냈습니다. 처음 세 가지 방법은 세 돌이 지난 아이를 위한 것이고 마지막은 네 돌 이후의 아이들을 위한 것입니다. 이것은 아이들과 함께 단단하게 삶아진 달걀에 함께 색칠을 하고 장식을 붙이는 것입니다. 껍질만으로 하는 활동은 매우 조심스럽게 다루어야 하기 때문에 어린 아이들에게는 어렵습니다. 너무 쉽게 깨져 버려 아이들이 실망할 일을 만들 필요는 없습니다.

1. 단단하게 삶은 달걀 껍데기에 사인펜으로 아이들이 원하는 모양이나 무늬를 그려 넣습니다.

2. 방금 삶아 아직 따뜻한 달걀 껍데기에 천연 밀랍이 함유된 크레파스를 이용해 그림을 그릴 수 있습니다. 달걀이 따뜻하기 때문에 밀랍이 녹으면서 예쁜 무늬와 색감 효과를 얻을 수 있습니다. 달걀이 너무 뜨거우면 키친타월을 한 장 깐 뒤 달걀 종지를 올려놓고 그 위에 달걀을 세워놓고 그림을 그리거나 어른이 잡아 주도록 합니다.

3. 작은 스티커를 달걀 껍데기에 붙여 장식할 수도 있습니다. 여기 쓰일 수 있는 장식 스티커는 접착이 되는 것이면 무엇이든 가능합니다. 문구점에 가면 다양한 색의 고무로 된 색종이나 미리 모양이 인쇄된 색종이를 구입할 수 있습니다. 이 색종이들은 왼쪽 부분부터 물에 적신 다음 달걀에 붙일 수 있습니다. 아이들에게 미리 모양이 그려진 종이를 달걀에 붙이게 하거나 아니면 종이를 조각내어 붙이게 할 수 있습니다. 종잇조각을 적실 때는 젖은 헝겊이나 스펀지를 이용하는 것이 좋습니다.

4. 이 방법을 사용하려면 부모님이 미리 얇은 색지로 도장을 만들어 놓습니다. 가로세로 약 10cm 길이로 종이를 잘라 가운데 부분을 접어 꽃 모양으로 만들어 줍니다. (그림 참조)
   이 종이꽃의 손잡이 부분은 알루미늄 포일로 잘 감아 종이 도장이 물감으로 물들고 젖더라도 손가락을 보호하도록 합니다.

이 종이 도장을 달걀 껍데기에 살짝살짝 찍어 주면 달걀을 알록달록한 색으로 물들일 수 있습니다. 삶은 달걀을 물로 씻은 뒤 달걀 종지 위에 올려놓습니다. 그런 다음 아이들에게 이 종이 도장으로 물기가 있는 달걀 껍데기에 물감을 적신 도장을 여기저기 찍은 다음 다시 물을 좀 더 적십니다. 이런 방법을 이용하면 달걀 껍데기를 예쁜 파스텔 톤 색으로 물감을 부드럽게 섞어 물들일 수 있습니다.

얇은 색지를 응용하는 방법으로 부활절 달걀을 예쁘게 염색하는 방법이 있습니다. 물기 없는 마른 손으로 얇은 종이를 조각으로 찢습니다. 그런 다음 그 색색의 조각을 다른 물통에 담가 적신 다음 여러 장을 이용해 삶은 달걀 전체를 감싸도록 꼼꼼하게 붙입니다. (그림 참조) 그 다음 달걀이 마르도록 둡니다. 이 종잇조각이 마르면 종이를 벗겨냅니다. 그러면 달걀 껍데기에 예쁜 색이 어우러져 물들어 있는 것을 볼 수 있습니다.

색지로 물들인 달걀의 색을 좀 더 선명하고 예쁘게 하려면 마지막에 키친타월에 식용유를 적셔 달걀을 닦아 주면 됩니다.

•• 봄의 나무 ••

- **재료**
  템페라 수채 물감,
  약 1.5m 길이 벽지,
  작고 둥근 필터 종이
  혹은 작은 레이스
  모양의 예쁜 컵 받침
  종이, 풀, 붓, 가위,
  물컵

- **대상 연령**
  만 3세부터

이 봄의 나무도 여러 명의 아이들이 모여 이틀 동안 만들 수 있습니다. 먼저 아이들은 다 함께 노란색, 연두색, 붉은색, 주황색 수채 물감으로 벽지 전체를 꼼꼼하게 칠합니다. 아이들이 벽지 전체를 다양한 색으로 다 칠하고 나면 어른이 어두운 색 수채 물감으로 나무의 테두리를 그린 후에 벽지가 마르도록 둡니다. 그 사이에 아이들은 꽃 색깔(분홍색, 보라색, 노란색, 붉은색 등)을 물에 적신 필터 종이에 수채 물감으로 색칠해 놓습니다. 색칠이 끝나면 이 필터 종이에 있는 수분을 휴지로 제거하고 말립니다. 그리고 두꺼운 책 사이나 무거운 물건 사이에 넣어 눌러 줍니다. 필터 종이를 대신해서 작고 예쁜 컵 받침을 수채 물감으로 색칠해 이용할 수도 있습니다. 이런 종이는 문구점이나 인테리어 가게에서 구입할 수 있습니다.

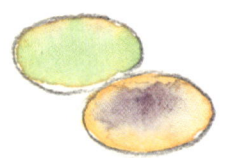

둘째 날, 아이들이 모두 모여 공동 작업을 마무리합니다. 아이들에게 각자 잘라야 할 나무 테두리를 정해 주고 각자 맡은 부분의 벽지를 어두운 색 나무 모양 테두리를 따라 잘라내도록 합니다. 이때 반드시 정확하게 자를 필요는 없습니다. 그다음 아이들은 컵 받침이나 필터 종이를 나뭇가지에 풀을 이용해 붙여 줍니다. 이미 가위를 능숙하게 다루는 아이들이라면 필터 종이를 붙이기 전에 꽃 모양으로 가장자리를 잘라 주거나 오려내어 예쁘게 장식할 수도 있습니다. 만약 종이 중앙을 꽃처럼 잘라내고 싶어 하면 필터 종이를 반으로 두 번 혹은 세 번 정도 접어 4분의 1이나 8분의 1 크기의 부채꼴로 만들어 뾰족한 부분을 잘라냅니다. 그리고 다시 종이를 펼치면 됩니다. 이렇게 꽃 모양을 낸 종이를 나무에 잘 붙여 줍니다.

•• 가을의 나무 ••

이틀 동안 약 3명에서 8명 정도의 아이들이 함께 모여서 예쁜 가을 나무를 꾸미는 공동 작업을 할 수 있습니다.

첫째 날, 아이들은 약 1.5m 길이의 벽지에 노란색, 녹색, 파란색, 갈색 수채 물감을 이용해 함께 색칠을 합니다. 가장 좋은 방법은 벽지보다 너무 크지 않은 책상에 벽지를 놓고 아이들이 탁자에 둘러서서 자신의 부분을 공평하게 할당받는 것입니다. 그렇게 모두 함께 벽지를 다양한 색으로 채웁니다. 그런 다음 어른이 벽지에 짙은 색 수채 물감을 넓은 붓에 적셔 커다란 나무 모양의 테두리를 그리고 말려 줍니다.

둘째 날, 아이들은 다 함께 짙은 색 테두리를 따라 나무를 오립니다. 너무 정확하게 테두리에 맞춰 오리지 않아도 됩니다. 그런 다음 아이들은 미리 두꺼운 물건으로 눌러서 말린 낙엽을 나뭇가지를 따라 붙입니다. 풀이 다 마르면 이 나무를 어른의 도움을 받아 벽에 걸고 같이 만든 작품을 감상하면 됩니다.

- **재료**
  템페라 수채 물감, 약 1.5m 길이 벽지, 말린 낙엽, 풀, 붓, 가위, 물컵
- **대상 연령**
  만 3세부터
- **사전 준비 사항**
  낙엽을 모아 말려 놓습니다.

•• 유리 등 바람막이 ••

- 재료
  뚜껑 없는 유리컵,
  빛이 투과하는 얇은 종이,
  벽지 접착용 풀,
  티 라이트(작은 초),
  작은 그릇,
  상황에 따라 붓

- 대상 연령
  만 3세부터

- 사전 준비 사항
  벽지용 풀을 미리 섞어 준비해 놓습니다.

우선 등 바람막이 크기에 알맞은 유리병을 잘 선택해야 합니다. 뚜껑을 돌려 여닫는 나사 모양의 주둥이가 없는 작은 잼(jam) 병이나 유자차 병이 여기서는 가장 적당합니다.

병을 정했으면 벽지용 풀을 작은 그릇에 섞어 놓습니다. 아이들은 색색의 빛이 투과하는 얇은 종이를 작은 조각으로 찢어 놓습니다. 각 아이들 앞에는 수북할 정도로 충분한 양의 종이 더미가 준비되어야 합니다. 가장 간편한 방법은 아이들이 풀칠을 시작하기 전에 종잇조각을 미리 준비해 놓는 것입니다. 아이들은 예쁜 색지 조각이 손가락에 들러붙는 것을 아주 재미있게 여기지만 이렇게 끈적거리는 손으로는 더 이상 종잇조각을 찢을 수 없다는 사실도 알게 될 것입니다.

충분한 양의 종잇조각이 준비되면 아이들은 유리병 전체에 풀을 칠합니다. 아이들 중에는 소심한 아이도 있어 다른 아이들이 손바닥 전체로 풀칠을 할 때 손가락 하나만 이용하거나 혹은 작은 붓 하나만 이용해 칠을 하는 아이도 있습니다.

그다음 아이들은 얇은 색지 조각을 유리병 겉면 전체에 꼼꼼하게 다 붙여 줍니다. 물론 종이를 붙인 그 위에 여러 겹으로 다른 색종이를 겹쳐 붙여도 됩니다. 그럴 때마다 손에 풀을 묻혀 병 전체와 종이 전체에 골고루 문질러 발라 줍니다. 이때 이 유리병이 당연히 미끄러워 손에서 쉽게 미끄러질 수 있다는 사실을 반드시 설명해야 합니다.

예쁜 전등 불빛을 아이들이 감상할 수 있도록 작은 티 라이트 양초에 불을 붙여 병 안에 넣어 봅니다. 그러면 양초의 열기로 인해 풀이 더 빨리 잘 마르는 효과도 볼 수 있습니다.

56

•• 금색 종이로 만든 탁상 등 ••

아이들에게 직사각형 견본을 나누어 주고 금색 종이 위에 연필을 이용해 따라 그리게 합니다. 완성된 등이 보기 좋으려면 여기에 사용되는 금색 종이는 한 면은 금색이고 다른 면은 다른 색인 것이 좋습니다. 직사각형을 다 그렸으면 직사각형 모양대로 오린 다음, 금색이 안쪽으로 오게끔 하여 긴 쪽을 한 번 접어 줍니다. (그림 참조) 금색 부분이 안쪽으로 향해야 나중에 촛불을 켰을 때 더 환하고 예쁘게 빛납니다. 접은 긴 모서리 부분을 가위로 조금씩 가위집을 내어 줍니다. (그림 참조) 간격을 0.5cm에서 1cm로 두고 전체를 자르지 않도록 주의해서 가위집을 내면 됩니다. 이렇게 자른 종이는 다시 편 다음 짧은 부분을 맞대어 풀로 붙여 줍니다. 이때도 역시 금색 부분이 안쪽으로 향하도록 합니다. (그림 참조) 그리고 조심스럽게 등을 세워 평평한 손바닥으로 조심스럽게 눌러 줍니다. 이 등을 세우고 티 라이트에 불을 붙여 안에 넣습니다. 그러면 등불이 아주 아름답게 빛나는 것을 볼 수 있을 것입니다.

- **재료**
  금색 종이, 견본용 마분지, 가위, 스틱형 풀, 연필, 티 라이트
- **대상 연령**
  만 3세부터
- **사전 준비 사항**
  직사각형 견본 (가로 20cm 세로 12cm)을 미리 만들어 놓습니다.

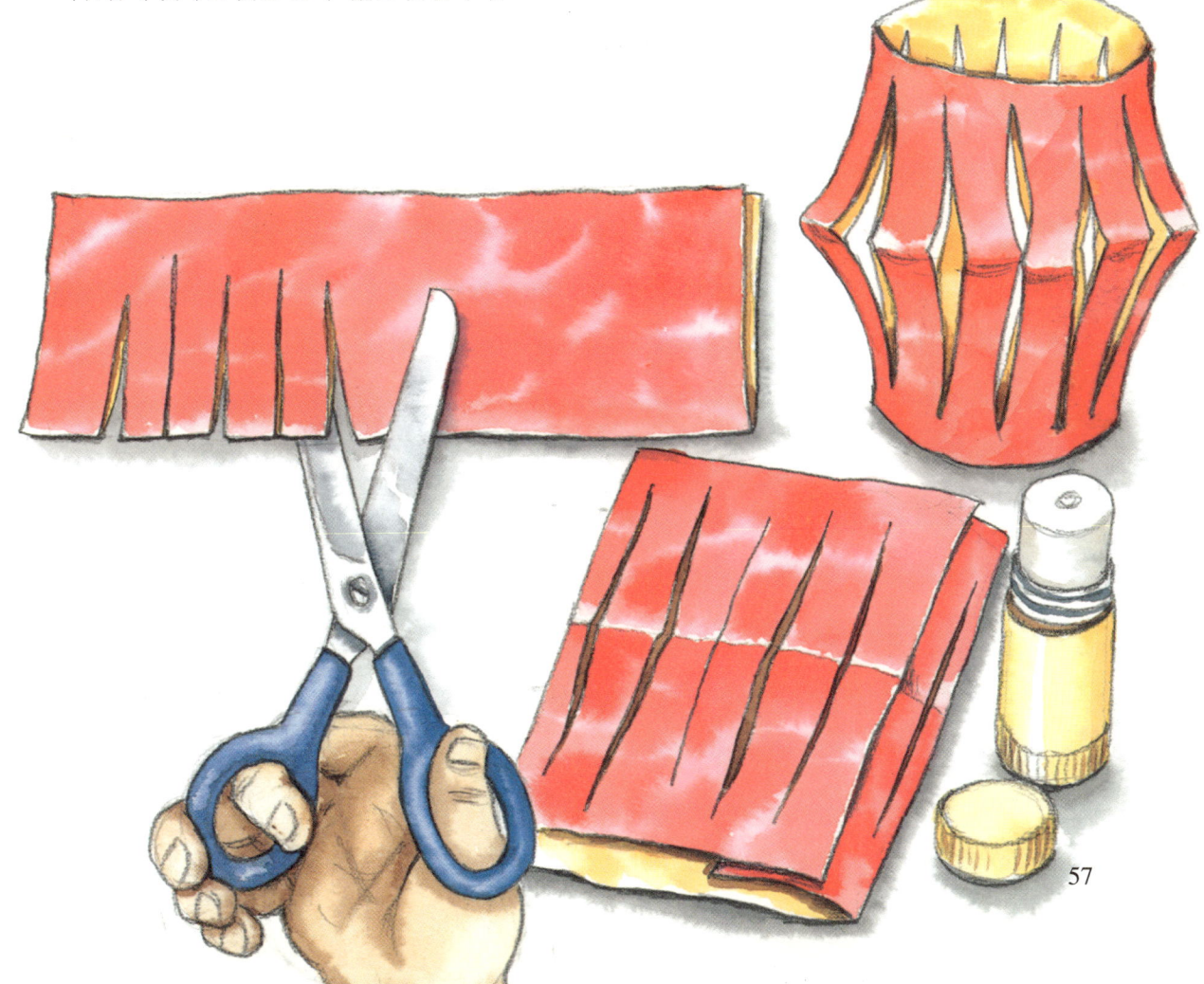

•• 스펀지 벌 ••

- **재료**
  노란색과 검은색 빨대 세척 솔, 노란색과 검은색 얇은 색지, 가위, 작은 나무 구슬
- **대상 연령**
  만 3세부터

아주 귀여운 벌을 습자지와 빨대 청소용 솔을 이용해 만들어 볼 수 있습니다. 우선 노란색과 검은색 빨대 세척 솔을 약 15cm 길이로 자릅니다. 그런 다음 노란색 혹은 검은색 습자지도 잘라 둡니다. (폭 3cm 정도에 길이 약 10cm) 노란색과 검은색 세척 솔을 함께 잡고 같이 꼬다가 마지막 부분은 꼬지 않고 조금 남겨 둡니다. (그림 참조) 솔을 꼬기 전에 습자지를 미리 약 7cm 정도 부분에 놓고 같이 꼬아 줍니다. 그러면 이 습자지 부분이 벌의 날개 역할을 하게 됩니다. 빨대 솔의 마지막 3cm 정도는 꼬지 않고 그냥 두어 벌의 더듬이 부분이 되도록 합니다. 이 더듬이 끝 부분에 작은 나무 구슬 두 개를 붙이면 빨대 청소용 솔을 이용한 벌이 완성됩니다.

•• 도토리 혜성 ••

신선한 도토리와 화려한 색지를 이용해 아이들은 재미있는 던지기 장난감을 만들 수 있습니다. 아이들 각자 색지 조각을 길게 색색으로 6개 정도 잘라 둡니다. 이때 길이는 50cm 정도, 폭은 약 2에서 3cm 정도로 해야 합니다. 이 긴 종이를 두고 끝 부분을 단단하게 꼬아 연결시켜 놓습니다. 부모님은 도토리 머리 부분에 송곳으로 구멍을 뚫어 송곳을 이용해 색지를 꼬아 연결시킨 부분이 도토리 속으로 깊고 단단하게 고정되도록 합니다. 이 종이가 도토리에 좀 더 단단하게 고정되게 하려면 구멍에 성냥을 끼워 단단하게 고정시키고 나머지 부분을 부러뜨리면 됩니다. 이렇게 도토리 혜성이 완성되면 아이들은 이걸 공중으로 던져볼 수 있습니다. 도토리가 공중에서 색색의 꼬리를 휘날리며 예쁘게 날아가다 바닥에 떨어지는 모습을 보면 아이들은 매우 즐거워합니다.

놀이 방법: 이런 만들기 놀이를 하고 나면 대부분 만들기 작품을 이용해 재미있는 놀이를 할 수 있습니다. 이 혜성을 공중으로 던져 바닥에 떨어지기 전까지 다른 아이들은 다 함께 혜성을 던질 방향을 알려 줄 대장을 기다리고 있습니다. 혜성이 바닥에 닿으면 계속 반복하며 즐거운 활동 시간을 가집니다.

- **재료**
얇은 색지,
신선하고 큰 도토리,
가위, 송곳, 성냥
- **대상 연령**
만 3세부터

●● 종이 깃발 ●●

- **재료**
  템페라 수채 물감, 손가락 물감, 흰색 종이, 붓, 나무 막대기, 풀, 때에 따라 물컵
- **대상 연령**
  만 2세 후반부터

아이들에게 A4 크기 정도의 종이를 나누어 줍니다. 여기에 손가락 물감이나 수채 물감으로 한쪽 면에 자유롭게 그림을 그리도록 합니다. 그림을 그린 다음 한쪽 면을 말리고 다 마르면 뒤집어 반대쪽 면에도 그림을 그립니다. 양쪽 면이 다 마르면 종이가 짧은 쪽에 나무 막대기를 붙입니다. 이때 이 막대기의 길이가 40cm에서 50cm를 넘지 말아야 합니다. 그보다 길면 아이들이 다치기 쉽습니다. 깃대로 쓰일 나무 막대기는 미리 아이들에게 야외 활동을 할 때 적당한 것을 찾아 놓도록 하거나 아니면 공원에 나가 얇은 나뭇가지를 줍게 할 수도 있습니다. 물론 각자 얇은 나뭇가지를 준비해 오도록 할 수도 있습니다.

●● 냅킨 찍기 ●●

- **재료**
  손가락 물감, 흰색 부드러운 냅킨, 코르크 와인 뚜껑, 다 쓴 실타래, 유리병 뚜껑, 스펀지(약 0.5cm 두께), 부엌칼, 가위
- **대상 연령**
  만 3세 후반부터
- **사전 준비 사항**
  코르크 마개를 잘라 도장 모양으로 미리 만들어 놓습니다.

이 활동을 하기에 앞서 부모님은 미리 몇 가지를 준비해야 합니다. 와인이나 샴페인 뚜껑으로 쓰이는 코르크 마개를 잘 드는 부엌칼로 잘라 간단한 모양의(삼각형, 사각형, 별 모양, 하트 모양, 나무 모양, 집 모양 등) 도장으로 만드는 것입니다. 그리고 유리병 뚜껑으로 코르크로 만든 도장을 찍을 인주를 만듭니다. 병뚜껑 모양에 맞게 스펀지를 둥글게 잘라 잘 끼워 넣고 손가락 물감을 넣습니다. 코르크 도장으로 여러 번 찍어도 스펀지에 물감이 잘 묻어 나오도록 물감을 충분히 적셔 줍니다.

그런 다음 냅킨에 도장을 찍어 봅니다. 아이들에게 다양한 모양의 도장에 다양한 색을 묻혀 찍어 보도록 합니다. 이 과정에서 아이들은 냅킨 위에 도장 모양을 정확하게 찍히도록 하려면 도장을 이쪽저쪽으로 움직여야만 한다는 것을 깨닫게 됩니다. 다 쓴 플라스틱 실타래 역시 좋은 도장이 됩니다. 실타래 위아래의 모양이 아주 훌륭한 도장 효과를 냅니다. 꼭 실타래가 아니더라도 집안의 소품을 살펴보면 도장 역할을 할 수 있는 것이 많습니다. 아이들은 이렇게 도장을 찍는 것을 아주 좋아합니다. 도장의 무늬와 색을 다양하게 바꾸면서 냅킨 전체에 골고루 도장을 찍습니다. 이렇게 아이들이 자신만의 냅킨을 만들어 가는 과정을 통해 시각적 감각이 발달하는 것입니다. 조금 큰 아이의 경우 다양한 모양과 무늬, 평면적 형태에 대한 인식을 하게 됩니다. 활동이 다 끝나고 난 뒤에는 코르크 도장과 인주를 깨끗이 씻어 다음에도 사용할 수 있도록 합니다.

마분지, 종이 컵 받침, 종이 접시

•• 나선 모빌 만들기 ••

- **재료**
  템페라 수채 물감,
  어두운 색 크레파스,
  흰색 마분지,
  견본용 마분지, 연필,
  붓, 가위, 물컵
- **대상 연령**
  만 3세부터
- **사전 준비 사항**
  마분지로 견본을 미리 만들어 놓습니다.

미리 준비해 놓은 원형 모양의 견본을 아이들에게 나누어 줍니다. 흰색 마분지에 연필로 견본을 따라 그린 다음 모양대로 잘라내도록 합니다. 이때 부모님이 어린 아이들이 가위질을 더 쉽게 할 수 있도록 자를 종이를 잡아 주면 큰 도움이 됩니다. 그다음 이렇게 자른 동그라미에 수채 물감으로 자유롭게 색칠한 뒤 말려 줍니다. 다 말랐으면 종이를 뒤집어 반대쪽 면도 자유롭게 색칠합니다. 물감이 완전히 마르면 부모님이 어두운 색 크레파스를 이용해 원 전체에 나선 모양을 그려 줍니다. (그림 참조) 그런 다음 부모님의 도움을 받아가며 그려진 크레파스 선대로 마분지를 잘라 종이 나선을 만들어 봅니다. 나선을 완성한 다음에는 어느 정도 두꺼운 책 사이에 넣어 눌러 줍니다. 수채 물감을 그린 종이는 마르면서 약간 쭈글쭈글해질 수도 있고 또 제대로 마르지 않으면 매달았을 때 무거울 수 있기 때문에 책 사이에 넣어 주름진 곳을 펴고 습기를 완전히 제거합니다. 나중에 이 나선 모빌을 부모님과 함께 실에 꿰어 아이들 방 등에 달아 주면 바람이 불 때마다 모빌이 빙글빙글 돌아가는 것을 볼 수 있습니다.

•• 썬 캡 만들기 ••

썬 캡 모양으로 미리 만들어 놓은 견본을 아이들에게 나누어 주고 마분지에 견본을 대고 연필로 따라 그린 뒤 가위로 오려내도록 합니다. 썬 캡 양끝을 펀치로 구멍을 뚫은 다음 구멍이 찢어지지 않도록 테이프 등으로 견고하게 만들어 줍니다. 그런 다음 수채 물감이나 크레파스를 이용해 아이들이 원하는 그림을 자유롭게 그리도록 합니다. 물감이 다 마르면 부모님이 모자에 달 고무줄을 양끝에 단단히 묶어 아이들이 바로 써 볼 수 있도록 해 줍니다. 그러면 언제든 뜨거운 태양을 피할 수 있는 멋진 모자가 탄생합니다.

- **재료**
  템페라 수채 물감, 크레파스, 흰색 마분지, 견본용 마분지, 연필, 붓, 가위, 모자에 달 고무줄, 펀치, 구멍을 튼튼하게 할 테두리, 물컵

- **대상 연령**
  만 3세부터

- **사전 준비 사항**
  마분지로 미리 견본을 만들어 놓습니다.

•• 부활절 달걀 모빌 ••

- **재료**
  다양한 색 마분지, 견본용 마분지, 털실, 크레파스, 색종이나 색지, 연필, 가위, 펀치, 풀, 실
- **대상 연령**
  만 3세부터
- **사전 준비 사항**
  마분지로 미리 달걀 모양의 견본을 만들어 놓습니다.

이 모빌은 다양한 크기의 종이를 연결해 아이들에게 다양한 색을 칠하고 다양한 종류를 붙여 꾸며 보도록 합니다. 아이들에게 미리 준비해둔 달걀 모양 견본을 나누어 주고 마분지에 대고 따라 그리게 한 다음 오려내도록 합니다. 그다음 다양한 방법으로 자유롭게 꾸며 보도록 합니다. 달걀 양쪽을 크레파스로 색칠할 수도 있고, 한쪽 면을 펀치로 잘라낸 색지를 붙여 꾸미거나 습자지를 작게 찢어 뭉친 것을 붙여 볼 수도 있습니다. 아니면 작게 자른 털실을 붙여 꾸며 볼 수도 있습니다. 이렇게 꾸민 예쁜 부활절 달걀을 실을 이용해 연결하고(그림 참조) 창문에 모빌처럼 한 줄로 매달아 봅니다. 이렇게 꾸민 달걀은 낱개로 부활절 장식으로도 사용할 수 있습니다.

●● 풍선 난쟁이 ●●

미리 만들어 놓은 풍선 난쟁이의 발 모양 견본을 아이들에게 나누어 주고 마분지에 대고 연필로 따라 그리게 한 다음 그것을 오리도록 합니다. 두 발 사이에 있는 작은 삼각형 부분은 아이들이 자르기 어려울 수 있으므로 부모님이 견본처럼 잘라 줍니다.

아이들이 스스로 풍선을 불 수도 있지만 아직 혼자서는 어려움을 느낄 수도 있습니다. 풍선을 불고 나면 입구를 잘 묶은 뒤 입구 부분을 발 사이에 두고 잘 붙여 줍니다. 이때 아이들은 난쟁이 발 부분을 크레파스로 색칠하고 싶어 할 것입니다. 그러면 아이들이 하고 싶은 대로 마음대로 하도록 내버려둡니다. 그런 다음 털실을 원하는 길이만큼 잘라 머리카락처럼 투명 테이프를 이용해 붙여 줍니다. 이때 한 번 붙인 테이프를 다시 떼어서는 안 됩니다. 풍선에 붙였던 테이프를 다시 떼면 풍선이 바로 터져 버립니다. 머리카락까지 다 붙이고 나면 이제 얼굴을 그려 볼 차례입니다. 아이들로 하여금 유성 사인펜으로 자신이 원하는 얼굴을 재미있게 그려 보도록 합니다. 완성된 풍선 난쟁이는 누구와 닮았나요?

놀이 방법:
이 풍선을 이용해 마음껏 뛰면서 놀 수 있습니다. 아이들이 이 풍선 난쟁이를 힘껏 공중으로 던지면 풍선은 달려 있는 발 무게 때문에 천천히 돌면서 다시 바닥으로 내려옵니다. 아이들은 이런 풍선을 가지고 아주 재미있게 놀게 됩니다. 누가 더 높이, 더 멀리 던지나 내기를 할 수도 있고, 음악에 맞추어 풍선을 날리며 뛰어놀 수도 있습니다.

> - **재료**
>   풍선, 마분지, 털실, 크레파스, 연필, 유성 사인펜, 투명 테이프
> - **대상 연령**
>   만 3세부터
> - **사전 준비 사항**
>   마분지로 미리 견본을 만들어 놓습니다.

•• 눈사람 모빌 만들기 ••

- **재료**
  흰색 마분지, 경우에 따라 검은색 마분지, 견본용 마분지, 검은색과 주황색 습자지, 크레파스, 연필, 풀, 가위, 실
- **대상 연령**
  만 3세 후반부터
- **사전 준비 사항**
  마분지로 눈사람 모양 견본을 미리 만들어 놓습니다.

겨울철 집안을 장식할 대표적인 눈사람 모빌 만들기입니다. 아이들에게 미리 만들어 둔 눈사람 모양 견본을 나누어 주고 흰색 마분지에 연필로 견본을 그려 오려내도록 합니다. 눈사람의 검은색 모자는 아이들에게 흰색 마분지에 견본을 대고 그린 다음 검은색 크레파스로 칠하게 하거나 검은색 마분지에 견본을 대고 그린 것을 오려서 사용할 수도 있습니다. 다 잘랐으면 눈사람의 각 부분이 다 다르게 흔들릴 수 있도록 부모님이 모자, 머리, 몸통 부분을 각각 실로 연결해 줍니다.

그다음 아이들이 검은색 크레파스로 눈사람의 눈과 입을 그려 넣습니다. 그리고 주황색 습자지를 꼬아 당근 모양을 만들어 눈사람 코 부분에 잘 붙여 줍니다. 검은색 습자지는 작게 찢어 구슬 모양으로 뭉쳐 눈사람 몸통 부분에 단추처럼 붙여 줍니다. 모빌을 달아 빙글빙글 돌 때 양면 다 예쁘게 보이게 하려면 뒷면도 똑같이 꾸며 주면 됩니다.

●● 금빛 종이로 만든 별 모양 등 ●●

아이들에게 미리 만들어 놓은 별 모양 견본을 나누어 주고 연필로 견본을 두꺼운 마분지에 따라 그린 다음 오려내도록 합니다. 그런 다음 다양한 색의 금박 종이를 자르거나 손으로 찢어 잘라놓은 마분지에 붙여 줍니다. 이때 마분지가 보이지 않도록 꼼꼼하게 잘 붙입니다. 별 모양에 색지를 붙이는 것은 아이들에게 어려운 일이기 때문에 일단 넓게 종이를 붙인 다음 마분지를 뒤집어 삐져나온 금박 종이를 잘라내도록 하면 쉽습니다. 이렇게 꾸민 별 위에 작은 티 라이트에 불을 붙여 올려놓으면 눈부시게 빛나는 예쁜 등이 만들어집니다.

- **재료**
  금박 종이, 두꺼운 마분지, 견본용 마분지, 연필, 가위, 풀, 티 라이트
- **대상 연령**
  만 3세부터
- **사전 준비 사항**
  마분지로 미리 견본을 만들어 놓습니다.

●● 퍼즐 만들기 ●●

처음 퍼즐을 접하는 아이들을 위한 첫 번째 퍼즐은 몇 번의 가위질만으로 아이들 스스로 아주 잘 만들 수 있습니다. 우선 적당한 모양의 예쁘고 작은 포스터나 그림을 준비합니다. 보통 달력, 아동 잡지나 광고지 등이 적당합니다. 첫 퍼즐에 적당한 그림은 크고 알아보기 쉬운 분명한 무늬가 있고 색깔 대비가 선명한 것이 좋습니다. 그러다 나중에 점점 복잡한 무늬로 넘어갑니다. 아이들이 직접 선택한 그림을 골라 그림 뒷면에 마분지를 붙입니다. 이때 중요한 점은 마분지에 풀이 골고루 묻어야만 한다는 것입니다. 풀이 그림 전체에 제대로 묻지 않으면 나중에 퍼즐 조각으로 잘랐을 때 그림이 떨어져 나갈 수 있습니다. 풀칠을 할 때 가장 유용한 방법은 마분지 조각에 풀을 묻혀 사용하면 그림에 골고루 풀칠할 수 있습니다.

- **재료**
  마분지, 작은 포스터나 그림, 풀, 가위
- **대상 연령**
  만 2세 후반부터

그림을 잘 붙였으면 아이들에게 큰 조각으로 자르도록 합니다. 처음 퍼즐을 만들 때는 4조각이나 5조각이면 충분합니다. 그 정도 조각이면 나중에 다시 퍼즐을 맞추기 적당합니다. 만약 너무 쉽게 느껴지면 나중에 좀 더 조각을 잘라 나누어도 됩니다.

아이들이 퍼즐 맞추기 놀이를 매우 좋아하면 오래된 사진을 잘라 다시 맞춰 보도록 합니다.

•• 기억 연상 놀이 ••

- **재료**
  템페라 수채 물감,
  손가락 물감, 크레파스,
  두껍고 튼튼한 흰색 상자,
  연필, 붓, 다 쓴 실타래,
  코르크 도장, 부엌칼,
  자, 물컵
- **대상 연령**
  만 4세부터
- **사전 준비 사항**
  튼튼한 흰색 상자 종이에
  그림을 그리고 코르크 도장
  을 찍어 메모리 카드를 미
  리 준비해 놓습니다.

아주 튼튼하고 두꺼운 흰색 상자 종이에 부모님이 가로세로 10cm 길이의 사각형을 그립니다. 이 카드들은 나중에 메모리 카드로 사용할 것입니다. 자를 이용해 10cm 간격으로 줄을 그어 두고 아이들에게 이 카드를 한 장씩 잘라내도록 합니다.

아이들은 이 카드를 두 장씩 똑같은 색과 똑같은 모양, 똑같은 기호로 그림을 그리거나 도장을 찍어 만듭니다. 카드에 한 가지 색 수채 물감이나 손가락 물감으로 그림을 그리거나 손가락이나 도장을 이용해 무늬를 찍을 수도 있고, 크레파스로 그림을 그릴 수도 있습니다. 이렇게 하다 보면 아이들은 도중에 많은 아이디어를 내놓습니다. 도장으로는 다 사용한 실타래를 사용해도 좋고 포도주나 와인 코르크 마개를 이용해 부모님이 미리 부엌칼로 여러 모양(예를 들어 삼각형, 사각형, 별 모양, 집 모양 등)으로 잘라 사용해도 좋습니다. 물감을 붓에 묻혀 도장에 문질러 줍니다. 쌍쌍의 카드들이 완성되면 잘 말려 줍니다.

놀이 방법:
물감이 다 마르면 아이들과 함께 새로운 놀이를 시도해 볼 수 있습니다. 아이의 나이에 따라 카드를 6쌍이나 7쌍만 이용할 수 있으며 아이가 익숙해지면 더 늘려도 됩니다.

•• 수신호판 만들기 ••

아이들에게 아주 딱딱하고 두꺼운 마분지에 폭 3cm, 길이 15cm 정도의 긴 사각형을 그린 다음 잘라내도록 합니다. 그리고 부모님의 도움을 받아 두꺼운 마분지 재질의 컵 받침에 스테이플러를 이용해 연결해 줍니다. (그림 참조) 그런 다음 컵 받침에 손가락 물감으로 한쪽 면에는 녹색을 반대쪽 면에는 붉은색을 기차 차장의 수신호판처럼 그려 주고 말려 줍니다. 물감이 마를 동안 아이들에게 손가락 물감으로 다른 종이에 그림을 그리도록 하면 좋습니다. 수신호판이 다 말랐으면 아이들과 함께 바로 놀이를 할 수 있습니다. 마음이 조급한 아이들을 위해 헤어드라이기로 물감을 말릴 수도 있습니다. 자 놀이를 시작해 볼까요?

- **재료**
  손가락 물감, 종이로 된 둥근 컵 받침, 딱딱한 마분지, 붓, 가위, 스테이플러
- **대상 연령**
  만 2세 후반부터

놀이 방법:

가구나 카펫, 기둥이나 보자기 등을 여러 재료를 이용해 아이들과 함께 도로와 철도를 만들고 그 위에 자동차, 버스, 기차와 자전거가 다닐 수 있도록 합니다. 만 3세 정도의 아이들이라면 수신호 놀이를 통해 주의해야 하는 교통신호에 대해 알려 줄 수도 있습니다. 아이들은 이 신호판을 신호등이나 기차 신호등으로 사용할 수도 있습니다. 또한 교통경찰이 되어 교차로에서 어떤 차는 가고 어떤 차는 멈춰야 하는지 놀이를 해 볼 수도 있습니다.

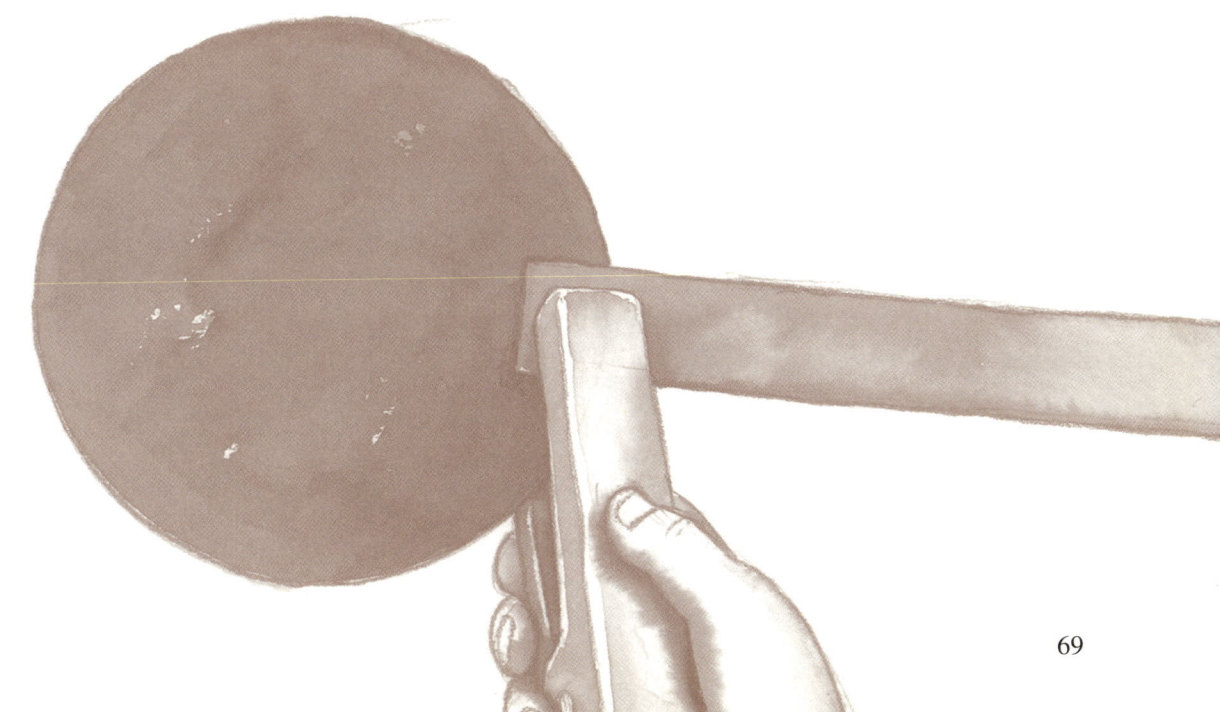

•• 무당벌레 만들기 ••

- **재료**
  손가락 물감, 둥근 컵 받침, 사무용 서류 연결 단추, 가위, 붓, 송곳
- **대상 연령**
  만 3세 후반부터

아이들에게 무당벌레를 만들기 위해 컵 받침을 두 장씩 나누어 줍니다. 받침 한 장을 절반으로 자르고 절반으로 자른 조각을 조금 잘라냅니다. (그림 참조) 자른 컵 받침과 다른 컵 받침 모두를 붉은색 손가락 물감으로 칠합니다. 물감이 마르면 동그란 컵 받침에는 머리 부분을 검은색으로 칠한 다음 중간에 검은색 줄을 그어 줍니다. 자른 컵 받침 조각에는 검은색으로 무당벌레 몸체가 될 점을 찍어 줍니다. 이 부분은 무당벌레 날개가 됩니다. (그림 참조) 미리 무당벌레를 관찰해 보거나 무당벌레 그림을 보고 나서 만들면 훨씬 도움이 됩니다. 물감이 다 마르면 자른 조각에 어른이 송곳이나 구멍을 내는 다른 도구 등을 이용해 구멍을 뚫어 줍니다. (그림 참조) 먼저 한쪽 날개를 서류 연결 단추를 이용해 몸체에 연결시킨 다음 손으로 무당벌레를 약간 휘어지게 만들어 줍니다. 더 어린 아이들은 무당벌레를 날개 없이 컵 받침 하나로만 만들 수도 있습니다.

•• 배고픈 애벌레 ••

아이들은 손가락 물감을 이용해 컵 받침에 손으로 직접 색칠하거나 붓으로 색칠합니다. 이때 컵 받침 5개를 모두 다른 색으로 칠합니다. 어떤 아이들은 자기가 만들 애벌레를 한 가지 색으로만 칠하고 싶어 할 수도 있습니다. 칠한 컵 받침이 잘 마르도록 둔 다음 물감이 마를 동안 아이들이 물감으로 다른 종이에 그림을 그리게 유도합니다. 만약 물감이 제대로 마르지 않는 경우에는 다음 날 완성하도록 하는 것이 좋습니다.

물감이 마르면 컵 받침에 펀치 기계로 구멍을 뚫습니다. 이때 컵 받침 두 개에는 구멍을 하나만 뚫고, 세 개에는 구멍을 양쪽으로 두 개씩 뚫습니다. 그런 다음 서류 연결 단추를 이용해 각 몸체를 연결하도록 합니다. 그리고 나서 제일 앞쪽 부분에 크레파스로 애벌레의 눈과 입을 그려 넣어 머리를 완성합니다. 머리 윗부분에는 송곳으로 작은 구멍을 뚫고 15cm 정도로 길게 자른 빨대 청소 솔을 넣어 반으로 접은 뒤 두 번 정도 꼬아 줍니다. (그림 참조) 이제 배고픈 애벌레가 완성되었습니다. 완성된 애벌레는 탁자 위를 기어다닐 수도 있고, 아이들과 함께 그림책을 볼 수도 있습니다.

- **재료**
  손가락 물감, 크레파스, 둥근 컵 받침 5개, 사무용 서류 연결 단추, 빨대 청소용 솔, 붓, 송곳, 펀치
- **대상 연령**
  만 3세부터

•• 하늘을 나는 컵받침 ••

- **재료**
  손가락 물감이나 템페라 수채 물감, 둥근 컵 받침, 습자지, 붓, 튼튼한 끈, 펀치, 필요에 따라 물컵
- **대상 연령**
  만 3세 후반부터

하늘을 나는 컵 받침은 아이들이 교실에서 만들기 놀이를 끝내고 난 뒤 바깥에서 놀이하기 아주 좋은 장난감입니다. 아니면 직접 밖에서 만들어 본 뒤 바로 놀이를 해도 좋습니다.

아이들에게 펀치 기계를 이용해 컵 받침에 구멍 여섯 개를 뚫도록 합니다. 구멍을 뚫을 때 제일 먼저 가장자리에 구멍을 하나 뚫습니다. 그리고 바로 반대편에 또 하나를 뚫도록 합니다. 그 두 개의 구멍 중 하나의 구멍 양옆으로 일정하게 구멍 두 개씩을 더 뚫도록 합니다. 이때 구멍 간의 간격이 약 2cm 정도 되도록 합니다. 이렇게 하면 구멍 한 개는 반대쪽에 그리고 그 건너편에는 구멍 다섯 개가 뚫리게 됩니다. (그림 참조)

이렇게 구멍을 낸 컵 받침 양쪽을 손가락 물감으로 컵 받침의 원래 무늬와 상표가 보이지 않도록 자유롭게 색칠하여 꾸며 줍니다. 아무 무늬나 상표가 없는 컵 받침을 구하고 싶으면 가까운 문구점에서 구할 수 있습니다. 무늬가 없는 받침에는 수채 물감으로도 색칠이 가능합니다.

물감이 마르는 동안 아이들에게 색색의 습자지를 길게 잘라 보도록 합니다. 약 3cm나 4cm 정도의 폭에 길이 1m 정도의 길이로 다섯 개 자르면 됩니다. 손가락 물감이 완전히 말랐으면 아이들에게 부모님의 도움을 받아 길게 잘라놓은 습자지 다섯 개를 다섯 개의 구멍 각각에 끼워 넣어 묶도록 합니다. 우선 기다란 습자지를 반으로 접은 다음, 접힌 부분을 구멍에 통과시키고 다른 쪽 끝을 구멍을 통과한 매듭 안으로 넣어 잘 잡아당겨 꼭 묶어 줍니다. (그림 참조)

이렇게 하면 약 50cm 길이를 가진 다섯 개의 긴 리본이 완성됩니다. 이때 매듭을 같은 방향으로 향하게 하여 고정시켜 주는 것이 보기 좋습니다. 매듭을 다 묶은 다음에는 반대편 구멍에 튼튼한 끈을 달아 아이들이 잡을 수 있도록 합니다.

기다란 습자지 다섯 개가 매달려 있는 것이 아이들에게 무거울 경우도 있습니다. 이때는 묶인 밴드를 풀거나 하나 정도만 달아도 됩니다. 아니면 처음부터 손잡이를 달 구멍 하나만 뚫어도 됩니다.

놀이 방법:
아이들에게 직접 만든 장난감을 쥐고 신나게 달려 보도록 합니다. 그러면 아이들 뒤로 색색의 판들이 꼬리를 펄럭이며 휘날릴 것입니다. 하지만 이때 주의해야 할 점은 아이들이 펄럭이는 장난감을 보느라 앞을 보지 않고 마구 달릴 수 있습니다. 그러다 서로 부딪히지 않도록 꼭 주의를 주어야 합니다.

•• 종이 접시 모자 만들기 ••

- 재료
종이 접시, 습자지, 풀, 고무줄, 털실이나 리본, 스테이플러, 송곳
- 대상 연령
만 3세부터

가위를 이용해 종이 접시 중앙까지 가위집을 내줍니다. 그런 다음 부모님이 접시 중앙 부분에 습자지 리본을 매달 수 있도록 동그란 공간을 잘라 줍니다. 아이들에게 색색의 습자지를 약 50cm에서 60cm 길이로 잘라 습자지 리본을 몇 개 만들도록 합니다. 그런 다음 리본을 잘 겹쳐 그 끝을 부모님이 단단하게 묶어 줍니다.

종이 접시 밑바닥이 위로 향하도록 접시를 뒤집은 다음, 습자지 리본 끝을 묶은 매듭이 위로 오도록 하여 접시 중앙 가위집 공간에 끼워 넣습니다. 습자지 리본 매듭 부분이 종이 접시 중앙에 고정되도록 해야 합니다. 그런 다음 아이들에게 잘려진 접시 면을 약간 겹치도록 당겨 접시가 살짝 휘어지도록 한 상태에서 스테이플러로 그 부분을 고정시킵니다. 고깔모자 모양으로 만들어 고정시키는 것입니다. 남은 습자지를 동그랗게 말아 모자 위에 붙여 장식해 봅니다.

장식이 끝나면 부모님이 모자 끝 모서리 양쪽에 송곳으로 구멍을 내고 고무줄을 넣어 양쪽으로 묶어 줍니다. 아이들 중에는 팽팽한 고무줄이 턱밑에서 조이는 느낌을 싫어하는 아이도 있습니다. 이때는 고무줄 대신 털실이나 예쁜 리본을 양쪽에 매달아 모자를 쓴 다음 턱 밑에서 두 개를 묶어 고정시켜 주면 됩니다.

•• 알록달록한 물고기 ••

종이 접시를 이용하여 색색의 예쁜 물고기를 만들어 벽을 장식하는 놀이입니다. 종이 접시 가장자리 부분을 물고기 입 모양과 비슷한 삼각형으로 조금 잘라냅니다. 그리고 마분지로 물고기 꼬리와 지느러미 모양을 오려내 종이 접시에 스테이플러로 고정시켜 줍니다. 그런 다음 종이 접시 물고기에 손가락 물감을 이용해 자신이 상상한 색을 마음껏 색칠합니다. 물감이 완전히 마르면 아이들이 만든 물고기를 모두 모아 함께 같은 벽을 장식합니다. 그러면 벽은 멋진 수족관으로 변하게 됩니다.

종이 접시 두 개를 안쪽 면이 서로 마주하도록 대어 스테이플러로 연결시켜 아이들에게 납작하고 입체적인 물고기 한 마리를 만들어 보게 할 수도 있습니다. 이때 마분지로 만든 지느러미와 꼬리는 두 접시 사이에 넣어 스테이플러로 고정시키고 입은 한 번에 오려내야 합니다. 그런 다음 다양한 색으로 물고기 몸에 그림을 그립니다. 이렇게 만든 물고기는 창문에 한 줄로 매달아 장식하거나 놀이방 모서리에 매달아 장식할 수 있습니다.

- 재료
  손가락 물감, 종이 접시, 마분지, 가위, 스테이플러

- 대상 연령
  만 4세부터

•• 개구리 만들기 ••

- **재료**
  손가락 물감, 종이 접시, 녹색 습자지, 마분지, 검은색 사인펜, 풀, 가위, 스테이플러
- **대상 연령**
  만 3세부터

아이들에게 접시 윗면이 안쪽으로 닿도록 접시를 반으로 접도록 합니다. 접시 안쪽에는 손가락 물감으로 붉은색을 칠하고 겉에는 초록색을 칠합니다. 색칠을 끝낸 뒤 접시를 다시 접으면 개구리 만들기의 기본 준비가 끝난 것입니다.

손가락 물감이 마르는 동안 아이들에게 마분지를 길게 잘라서 개구리의 혀 모양으로 오려내도록 합니다. 그리고 그 마분지를 붉은색 손가락 물감으로 칠합니다. (그림 참조) 종이 접시에 칠한 물감이 완전히 마르면 연두색 습자지를 크고 동그랗게 말아 접시 위쪽에 개구리눈처럼 붙여 줍니다. 이때 검은색 사인펜으로 눈동자를 그려 넣습니다. 그 다음에는 개구리 코를 그릴 차례입니다. 접시 윗부분에 역시 검은색 사인펜으로 크고 검은 콧구멍 두 개를 칠합니다. 그리고 만들어 놓은 혀를 스테이플러로 고정시킵니다. 개구리가 완성되면 개구리의 몸 부분을 손으로 잡고 눌러 입을 닫았다 열었다 해 볼 수 있습니다. 같이 개구리와 노래를 해 봅시다. 개굴 개굴 개구리 노래를 한다…….

두루마리 휴지 심, 종이 상자, 달걀 상자

•• 망원경 만들기 ••

아이들은 각자 손가락 물감으로 두루마리 휴지 심 두 개에 예쁘게 색칠하고 물감이 잘 마르도록 둡니다. 물감이 말랐으면 그 두 개를 스테이플러로 연결시킨 뒤 반대쪽 망원경 한쪽 옆면에 송곳으로 구멍을 하나씩 뚫습니다. 이 구멍에 털실을 묶어 아이들이 목에 걸 수 있도록 합니다. 이렇게 하면 사파리를 탐험할 때 아이들이 망원경을 잃어버리는 일이 없겠지요?

- 재료
  손가락 물감,
  두루마리 휴지 심 2개,
  털실, 송곳
- 대상 연령
  만 2세 후반부터

놀이 방법:
망원경이 완성되면 곧바로 아이들과 탐험 여행을 떠나 봅니다. 다 함께 사파리를 탐험할 수도 있고, 상대편을 염탐해서 숨어 있는 곳을 찾아내는 놀이를 할 수도 있습니다. 물론 이때는 어른이 아이가 있는 곳의 반대쪽에 숨어 지켜보아야만 합니다.

•• 악기 만들기 ••

- **재료**
  두루마리 휴지 심, 색종이, 벽지용 풀, 유리병
- **대상 연령**
  만 2세 후반부터
- **사전 준비 사항**
  벽지용 풀을 미리 만들어 놓습니다.

이 활동을 하기 전에 유리병에 벽지용 풀과 물 섞은 것을 준비합니다. 아이들은 색종이를 잘게 찢어 수북할 정도로 충분한 양을 준비해 놓아야 합니다. 그전에 부모님이 종이를 미리 길게 찢어놓거나 적당한 크기로 잘라 놓으면 아이들이 잘게 찢기 쉽습니다.

아이들이 풀을 사용하기 전에는 반드시 종이를 잘게 찢어 충분한 양을 미리 만들어 놓아야 합니다. 이때 휴지 심 양옆을 막을 색종이도 크게 찢어 준비해 놓습니다. 그다음에 손으로 풀칠해야만 합니다. 한 번 풀을 만진 손으로는 종이를 잘게 찢을 수 없습니다.

우선 큰 색종이 조각으로 휴지 심 양옆을 막아 붙여 줍니다. 그런 다음 휴지 심 겉면에 풀칠을 해 작게 자른 종잇조각들을 알록달록하게 붙여 원래 종이가 보이지 않을 때까지 예쁘게 꾸며 줍니다. 이렇게 만든 작품이 전체가 완전하게 다 말라 새로운 악기로 사용할 수 있기까지는 하루나 이틀 정도 좀 오래 걸리는 편입니다. 시간을 줄이고 싶으면 헤어드라이기를 사용해 말릴 수 있습니다.

놀이 방법:
완전히 다 마르고 나면 손에 쥐고서 휴지 심 입구 쪽을 입으로 불어볼 수 있습니다. 그러면 얇은 색종이가 떨리면서 반대쪽에서 신기한 소리가 나게 됩니다. 이 악기를 입에 대고 노래를 불러 봅시다.

•• 구슬 딸랑이 만들기 ••

만들기를 시작하기 전에 부모님과 함께 유리병에 벽지용 풀과 물 섞은 것을 준비합니다. 그런 다음 색종이를 잘게 찢어 충분한 양을 준비해 놓습니다. 휴지 심 양쪽을 막을 조금 큰 크기의 종이도 찢어 놓아야 합니다. 모든 아이들 앞에 찢어 놓은 종잇조각이 수북하게 쌓이면 다음 작업을 시작해도 됩니다. 우선 휴지 심 전체를 손으로 두껍게 풀칠을 한 뒤 한쪽 입구를 조금 큰 색종이 조각으로 막습니다. 그리고 그 안에 구슬 조금과 완두콩이나 쌀을 넣고 반대쪽도 색종이 조각을 붙여 입구를 막습니다. 그런 다음 휴지 심 전체에 잘게 찢은 다양한 색의 색종이를 붙여 예쁘게 꾸며 줍니다. 그 사이에 악기를 조심스럽게 이리저리 흔들어서 안에 들어 있는 구슬이 잘 움직이는지, 원통에 달라붙어 있는 것은 아닌지 시험해 봅니다. 만들기가 다 끝나면 충분하게 잘 말려 줍니다. 그러면 흔들며 놀 수 있는 구슬 딸랑이가 완성됩니다.

- **재료**
  휴지 심, 색종이, 벽지용 풀, 유리병, 구슬, 완두콩이나 쌀
- **대상 연령**
  만 2세 후반부터
- **사전 준비 사항**
  벽지용 풀을 미리 만들어 놓습니다.

놀이 방법:
이 구슬 딸랑이는 아이들이 놀 때나 노래를 부를 때 사용할 수 있는 악기입니다. 특히 천둥 번개가 치는 장면이 나오는 이야기를 할 때, 비가 내리는 장면, 우박이 내리거나 천둥이 치는 장면을 묘사할 때 이 악기를 살살 흔들거나 세게 흔들며 활용할 수도 있습니다.

●● 산타 할아버지 만들기 ●●

- **재료**
  두루마리 휴지 심, 빨간색 습자지, 흰색 종이, 솜, 사인펜, 리본, 풀
- **대상 연령**
  만 3세 후반부터
- **사전 준비 사항**
  산타 할아버지 얼굴 견본을 미리 만들어 놓습니다.

붉은색 습자지로 산타할아버지 붉은 망토가 될 부분을 가로 30cm, 세로 15cm 정도의 길이로 자릅니다. 이렇게 자른 종이를 탁자 위에 놓고 그 위에 휴지 심을 세로로 놓고 습자지로 감싸 줍니다. 이때 한쪽의 종이는 짧게 남고(약 4cm 정도) 다른 한쪽은 더 많이 남도록 합니다. 습자지로 휴지 심을 단단하게 감아 풀로 붙여 고정시키고 부모님이 종이가 짧게 남은 부분을 짧게 자른 리본으로 묶어 줍니다. 그런 다음 휴지 심을 조심스럽게 꺼내고 습자지를 안쪽이 바깥쪽이 되게 뒤집어 줍니다. 그렇게 하면 묶인 부분이 종이 안쪽으로 들어가 밖에서는 보이지 않게 됩니다. 이렇게 뒤집은 다음 꺼냈던 휴지 심을 다시 종이 안쪽으로 넣고 풀로 움직이지 않게 붙여 줍니다.

미리 만들어 둔 견본을 하얀 종이 위에 대고 산타 할아버지 얼굴이 될 부분을 그려서 오려냅니다. 사인펜으로 눈과 코, 입을 그려 넣은 다음 완성된 얼굴을 둥그렇게 구부려 겉면에 붙입니다. 이때 약간 아래쪽으로 치우치게 붙여야 합니다. 그런 다음 솜을 수염 모양으로 뜯어내 산타 할아버지 얼굴 아래쪽에 붙입니다.
이제 위쪽을 리본을 이용해 고깔모자 모양으로 잘 묶어 줍니다. 이렇게 만든 산타 할아버지를 이용하면 아이들을 위한 깜짝 선물로 활용할 수도 있습니다.

•• 커다란 휴지 심 애벌레 ••

아이들 여러 명이 휴지 심 여러 개를 연결하여 놀이방이나 자신의 방을 장식할 멋진 애벌레를 합동해서 만드는 놀이입니다. 우선 손가락 물감으로 휴지 심을 예쁘게 색칠하여 꾸미고 물감이 마르도록 둡니다. 물감이 마르면 굵은 줄로 모든 휴지 심을 연결합니다. 그러면 기다란 애벌레가 만들어집니다. 마지막 휴지 심에 어른이 송곳으로 구멍을 뚫고 휴지 심을 연결한 줄을 단단하게 고정시킵니다.

작은 플라스틱 공이 있으면 휴지 심 애벌레 끝 부분에 연결합니다. 송곳으로 공에 구멍 두 개를 뚫어 실로 연결하여 단단히 묶어 줍니다. 그러면 재미있는 얼굴을 가진 애벌레가 탄생합니다. 더듬이를 달고 싶으면 머리 윗부분에 송곳으로 구멍을 두 개 뚫고 코바늘을 이용해 빨대 청소 솔을 구멍에 넣어 잡아당깁니다. 그리고 아이들에게 유성 사인펜으로 공에 애벌레 얼굴을 재미있게 그려 넣습니다. 물론 반드시 플라스틱 공으로 얼굴을 만들 필요는 없습니다. 완성된 애벌레를 천장에 매달면 아주 멋진 장식물이 됩니다.

• 재료
손가락 물감, 두루마리 휴지 심 여러 개, 붓, 두꺼운 줄, 송곳, 때에 따라 작은 플라스틱 공 한 개, 빨대 청소 솔, 유성 사인펜, 코바늘

• 대상 연령
만 3세부터

애벌레 엮기

- **재료**
  템페라 수채 물감,
  두루마리 휴지 심 6개,
  두꺼운 줄(약 3m 길이),
  붓, 물컵
- **대상 연령**
  만 3세부터

아이들에게 휴지 심 6개 정도를 수채 물감으로 마음대로 색칠하게 한 다음 잘 말려 줍니다. 마른 휴지 심은 부모님의 도움을 받아 3m 정도의 줄로 엮어 봅니다. 엮을 때는 어느 정도 여유를 두고 엮어야 합니다. 먼저 휴지 심 하나에 줄을 통과시킨 후 양끝에서 밖으로 꺼내 반대 방향으로 향하게 둡니다. 그런 다음 두 번째 휴지 심을 놓고 오른쪽에서 나온 줄을 왼쪽으로 통과시키고 왼쪽에서 나온 줄은 오른쪽으로 통과시킵니다. 그 다음 세 번째 휴지 심을 놓고 두 번째 휴지 심 오른쪽에서 나온 줄을 세 번째 휴지 심 왼쪽으로 통과시키고 왼쪽에서 나온 줄은 오른쪽으로 통과시키면서 양쪽을 서로 엮어 줍니다. (그림 참조) 이런 방법으로 휴지 심을 연결하면서 마지막 휴지 심을 엮은 다음에는 양쪽 줄을 묶어 줍니다. 이때 서로 엮인 휴지 심 사이가 어느 정도 여유가 있도록 느슨하게 엮어 휴지 심이 조금씩 움직이도록 합니다. 그래야만 애벌레가 땅을 기어다닐 때 흔들리며 꿈틀대는 모습을 표현할 수 있습니다. 휴지 심을 다 연결하고 묶은 뒤 남은 줄은 아이들이 애벌레를 끌고 다닐 손잡이로 사용할 부분 50cm 정도만 남기고 잘라 버립니다. 손잡이를 묶어 완성하면 애벌레와 함께 산책할 수 있습니다.

•• 사탕 선물 만들기 ••

예쁜 사탕 선물을 만들기 위해 우선 아이들에게 습자지를 가로 30cm, 세로 15cm 정도 길이로 자르도록 합니다. 그런 다음 휴지 심 전체에 풀칠을 해 잘라놓은 기다란 습자지를 말아 붙입니다. 이때 양옆으로 남는 종이 부분이 거의 같도록 잘 붙여야 합니다. 그런 다음 휴지 심 밖으로 남은 종이를 선물 포장용 리본을 이용해서 잘 묶어 줍니다. 그러면 커다란 사탕 모양이 될 것입니다. 이렇게 완성된 사탕 선물에 작게 잘라놓은 색색의 습자지 조각을 겉에 예쁘게 붙여 선물용 포장지로 꾸며 봅니다. 이렇게 하면 안에 사탕이나 과자 같은 것을 채워 친구 생일에 선물할 수 있는 멋진 포장지가 완성됩니다.

- 재료
두루마리 휴지 심, 색색의 습자지, 선물 포장용 리본, 풀, 가위
- 대상 연령
만 3세부터

•• 보석 상자 만들기 ••

작은 상자나 흰색 구두 상자를 이용해 세상에서 제일 멋진 보물 상자나 선물 상자를 아이들 스스로 만들어 보게 할 수 있습니다. 그림이 인쇄되어 있지 않은 상자라면 크레파스나 수채 물감을 이용해 예쁘게 색칠할 수 있습니다. 그림이 인쇄되어 있거나 상표 등이 붙어 있는 상자라면 작게 자른 장식용 종이를 밑바탕이 보이지 않을 때까지 붙여 예쁘게 꾸며 봅니다. 여기에 사용할 수 있는 장식용 종이는 선물 포장지나 무지개 색종이, 일반 색종이나 색지를 활용할 수 있습니다. (무지개 색종이는 종이에 무지개 색이 인쇄되어 있는 것으로 문구점에서 구입할 수 있습니다.) 종이를 붙일 때는 일반 풀을 사용하거나 유리병에 미리 벽지용 풀을 개어 사용해도 됩니다. 다 만들고 나면 생각 외로 아주 예쁜 상자가 만들어져 깜짝 놀랄 것입니다. 이런 방법을 이용해 아이들 필기구를 담거나 장난감 등을 담을 수 있는 상자를 만들 수도 있습니다.

- 재료
크레파스나 템페라 수채 물감, 흰색 종이 상자나 구두 상자, 장식용 종이 여분, 풀이나 벽지용 접착제, 붓, 유리병, 물컵
- 대상 연령
만 2세 후반부터

●● 촉감 상자 만들기 ●●

- **재료**
  크레파스나 템페라 수채 물감, 장식용 종이, 흰색 구두 상자, 붓, 풀, 가위, 물컵
- **대상 연령**
  만 3세부터

우선 구두 상자에 아이들에게 수채 물감을 칠하거나 선물 포장지나 색종이, 색지 등을 잘게 찢어 만든 종잇조각을 붙여 장식하도록 합니다. 그런 다음 부모님이 상자 앞부분을 아이들 손이 들어갈 만한 크기만큼 잘라냅니다. 상자 안에는 아이들 몰래 재료들을 넣어 둡니다. 솜이나 스펀지, 천 같은 재료 등 어떤 것이라도 좋습니다. 그런 재료를 채운 상자를 보자기로 씌워 보지 못하게 한 다음 탁자 위에 올려 둡니다.

놀이 방법:
아이들에게 조심스럽게 구멍 안으로 손을 넣어 안에 들어 있는 물건을 만져 보고 그것이 무엇인지 추측해 보도록 합니다. 만져 본 물건이 무엇이라고 생각하는지 큰소리로 이야기하지 말고 부모님에게만 귓속말로 살짝 이야기하도록 합니다. 그리고 자신들의 상자를 다른 아이들에게 만져 보도록 한 뒤 재료를 알아맞히는 놀이를 합니다. 아마 아이들의 의견은 거의 비슷할 것입니다. 어른 역시 상자 안에 손을 넣어 보고 숨겨진 물건을 맞혀 볼 수 있습니다. 이 과정은 아이들에게 아주 큰 즐거움을 줄 것입니다.

●● 바람 놀이 ●●

- **재료**
  동그란 모양의 납작한 상자(동그란 모양의 두꺼운 종이 틀도 무방), 습자지, 가위, 스테이플러, 연결용 줄, 60cm 길이의 나무 작대기, 송곳
- **대상 연령**
  만 3세 후반부터

이번에 만들 멋진 바람 놀이 기구는 베란다나 야외 같은 바람이 부는 장소에서 만들면 더욱 좋습니다. 우선 색색의 습자지를 가늘고 길게 자릅니다. 약 3cm에서 4cm 정도의 폭에 약 50cm 길이 정도면 됩니다. 그런 다음 동그랗고 납작한 상자의 바닥 부분을 조심스럽게 떼어내고 동그란 틀 둘레에 색색의 습자지 리본을 스테이플러로 고정시켜 줍니다. 습자지 리본의 좁은 면을 상자 둘레를 따라 놓을 때 바로 옆 리본끼리 전부 살짝 겹쳐지게 한 다음 스테이플러로 고정시켜야 합니다. 둘레를 빙 돌려가며 고정시킵니다. (그림 참조)

송곳으로 동그란 상자 틀 세 군데에 구멍을 뚫습니다. 가능한 한 구멍 세 개의 간격이 똑같도록 해야 합니다. 각 구멍에 길이 약 40cm 정도의 끈을 넣어 묶어 줍니다. 이렇게 묶은 끈 세 개를 하나로 모아 상자에서 약 25cm 정도 위에서 묶습니다. 묶을 때는 세 개의 끈 길이가 같도록 주의하고, 묶은 매듭이 동그란 원 중앙에 오도록 합니다. 나머지 여분의 끈은 나무 작대기에 깃발처럼 묶어 줍니다. 이렇게 만든 바람 놀이 기구를 베란다 화분에 꽂아 두거나 정원에 꽂아 봅니다. 적당한 바람이 잘 불어 준다면 종이 리본들이 흔들리면서 팔락이는 소리가 납니다. 이 기구는 당연히 비바람에는 약하기 때문에 비가 올 때는 실내로 옮겨야 합니다.

놀이 방법:

이 놀이 기구는 바람이 불지 않는 날에도 가지고 놀 수 있습니다. 아이들에게 나무 작대기를 들게 하고 뛰면 색색의 종이 리본들이 아이들 뒤로 흩날리는 것을 볼 수 있습니다. 이 모습을 보기 위해 아이들은 뒤를 돌아볼 때가 많은데, 이때 앞을 잘 보면서 뛰도록 지도해야 합니다. 그렇지 않으면 아이들끼리 부딪혀 다칠 수 있습니다.

- 재료
  템페라 수채 물감이나 크레파스, 작고 둥근 병, 종이, 가위, 풀, 때에 따라 책 포장용 접착비닐(바로 접착이 가능한 넓은 비닐), 물컵
- 대상 연령
  만 3세부터

•• 수집용 병 만들기 ••

아이들은 자신들의 물건을 모아 둘 수 있는 병이나 상자를 아주 좋아합니다. 작고 둥근 병에 여러 가지 장식용 종이를 붙여 이런 용도의 병을 만들어 봅니다.

여기서 쓰이는 병은 동그란 커피 캔이나 소스 병, 초콜릿이나 사탕을 담아 두었던 병을 이용하면 됩니다. 병을 꾸밀 종이는 부모님이 병의 크기와 높이에 맞게 잘라 준비하는데 이때 병의 둘레보다 종이를 2cm나 3cm 정도 여유 있게 준비합니다. 이 종이에 아이들은 자신이 원하는 그림을 크레파스로 그리거나 수채 물감으로 칠합니다. 아니면 앞에 나왔던 방울 염색 기법이나 마술 양초 그림을 이용해 꾸며 볼 수도 있습니다. 이 방법을 선택했다면 앞 설명을 참조하세요. 이렇게 장식한 종이를 병 겉면에 풀로 붙여 줍니다. 이렇게 만든 병의 상태를 좀 더 오래 예쁘게 유지하고 싶으면 겉면을 책 포장용 접착 비닐을 붙여 보호합니다.

•• 색종이 등 만들기 ••

- 재료
  밝은색과 어두운 색 색종이, 종이, 동그란 모양의 납작한 상자 (동그란 모양의 두꺼운 종이 틀도 무방), 풀, 가위, 스테이플러, 티 라이트, 꽃다발용 초록색 철사, 양면 테이프
- 대상 연령
  만 3세 후반부터

어두운 색 색종이를 세로 약 15cm, 가로는 동그란 상자 틀 둘레보다 약 2cm에서 3cm 더 긴 길이의 직사각형 모양으로 자릅니다. 자른 직사각형을 부채 모양으로 접어 줍니다. (그림 참조) 이렇게 접은 종이를 접힌 모서리 부분을 작은 삼각형, 원, 부채꼴 모양으로 잘라 줍니다. 이렇게 자른 종이를 펼치면 나오는 멋진 모양에 아이들은 깜짝 놀랍니다. 이때 무늬를 자를 때마다 종이를 펼쳐 보여 아이들에게 시각적 자극을 유도합니다.

이렇게 예쁜 무늬를 가진 종이가 완성되면 한쪽 면에 풀칠을 해서 밝은색 색종이를 그 면에 붙인 다음 움직이지 않게 꼭 눌러 줍니다. 그러고 나서 종이를 다시 한 번 접힌 자국대로 잘 접어 줍니다.

동그란 모양의 납작한 상자 바닥을 조심스럽게 떼어내어 옆면 틀만 남도록 합니다. 가능하면 크기가 같은 동그란 틀을 두 개 만들도록 합니다. 그러면 등을 만들 때 아래위를 단단히 고정시킬 수 있습니다. 이렇게 만든

틀을 아이들과 부모님이 함께 종이 끝에 조심스럽게 끼워 스테이플러로 고정합니다. (그림 참조) 나머지 한 개의 틀로 다른 쪽을 고정해 크기를 똑같이 만들 수도 있습니다. 상자 바닥을 등의 바닥으로 두고 초를 등 안에 넣은 다음 바로 불을 붙여 봅니다.

이렇게 만든 탁상용 등을 축제 행렬 때 사용할 등으로도 만들 수 있습니다. 꽃다발을 묶을 때 사용하는 초록색 철사를 이용해 등 위를 둥그렇게 손잡이를 만듭니다. 이때 바닥 티 라이트는 양면 테이프를 이용해 바닥에 고정시켜야만 행렬 중 초가 움직여 아이들의 작품이 불 타는 것을 막을 수 있습니다.

•• 작은 탁상용 등 ••

- **재료**
  천연 밀랍 크레파스,
  도안용 종이,
  동그란 모양의 납작한 상자(동그란 모양의 두꺼운 종이 틀도 무방),
  가위, 스테이플러,
  다리미, 신문지,
  티 라이트
- **대상 연령**
  만 3세 후반부터

지금부터 만들어 볼 예쁜 탁상용 등에는 단단한 색지(제도용 종이)가 필요한데 문구점에서 구입할 수 있습니다. 여기서 사용할 크레파스는 천연 밀랍 함유가 높은 제품으로 물로 씻겨나가지 않는 제품입니다. 이런 크레파스가 필요한 이유는 다리미 열에 크레파스가 녹아야 하기 때문입니다. 이런 크레파스는 대부분의 문구점이나 유기농 상점에서 쉽게 구입할 수 있습니다.

아이들에게 가로 35cm, 세로 20cm 길이의 제도용 종이에 색색의 크레파스를 두껍게, 골고루 칠하게 합니다. 색을 두껍게 칠할수록 좀 더 예쁜 효과를 얻을 수 있으므로 아이들에게 참을성을 발휘해서 꼭 색칠을 아주 두껍게 해야만 한다고 말해 줍니다. 그런 다음 종이를 반으로 접어 색칠한 부분이 서로 닿도록 합니다. 이렇게 접힌 종이 위를 신문지로 덮은 다음 부모님의 도움을 받아 색깔이 녹을 때까지 다리미로 문지릅니다. 크레파스가 녹으면 식기 전에 다시 종이를 펼칩니다. 그러면 크레파스가 녹으면서 색이 얼마나 예쁘게 섞였는지 확인할 수 있습니다.

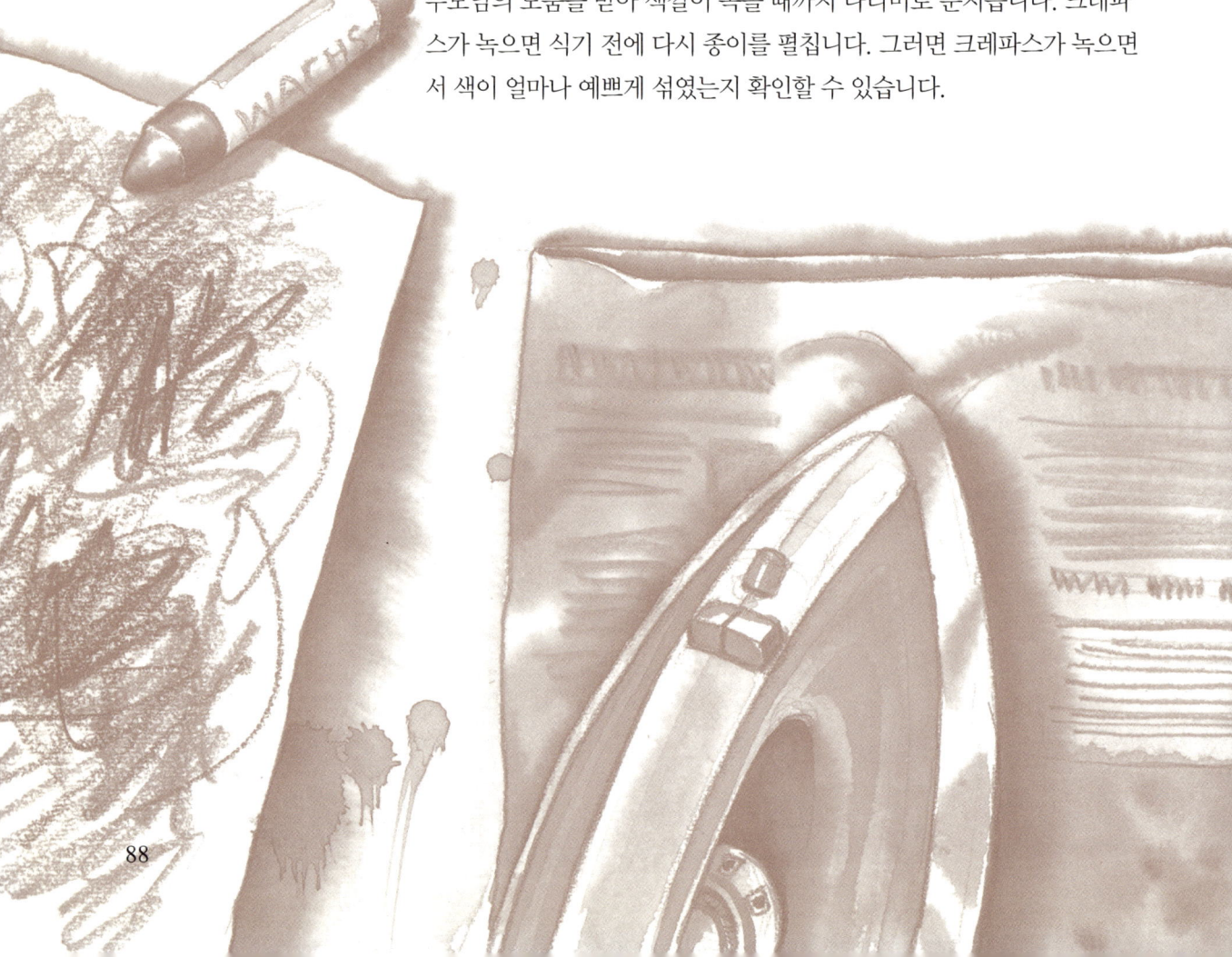

이 방법을 사용할 때 대부분 종이 가장자리에는 색이 예쁘게 번지지 않습니다. 그렇기 때문에 부모님은 이 종이를 색이 예쁘게 번진 중앙 부분을 중심으로 동그란 상자 종이 둘레보다 약 2cm에서 3cm 정도 길게, 높이 12cm 정도로 자릅니다. 동그란 상자 두 개의 바닥을 떼어낸 뒤 종이 양옆에 동그랗게 고정시켜 줍니다. 똑같은 상자 두 개를 이용해 종이 양쪽에 고정시켜 한쪽은 바닥을 떼어내지 말고 등 바닥으로 사용하면 더 좋습니다. 등 바닥에 티 라이트를 놓고 불을 켜 불빛에 멋지게 빛나는 무늬를 감상할 수 있습니다.

•• 색종이 조각 등 만들기 ••

- **재료**
  색색의 종이나 색종이 조각, 책 포장용 접착비닐, 동그란 모양의 납작한 상자 (동그란 모양의 두꺼운 종이 틀도 무방), 가위, 펀치, 스테이플러, 꽃다발용 초록색 철사, 등걸이용 막대기, 때에 따라 모양 펀치기, 양면 테이프

- **대상 연령**
  만 3세부터

아이들에게 약 폭 5cm, 3cm나 4cm 길이로 책 포장용 비닐 접착제를 두 개 자르도록 합니다. 그리고 펀치기를 이용해 색색의 종이에 구멍을 뚫어 작은 종잇조각을 예쁘게 만듭니다. 예쁜 모양으로 구멍이 뚫리는 모양 펀치기를 이용하면 더 예쁜 색종이 조각을 만들 수 있습니다.

아이들은 책 포장 접착제 한 면을 벗겨 내어 접착제가 붙어 있지 않은 면을 아래로 향하게 탁자 위에 놓고 접착 부분 위로 색종이 조각을 골고루 붙입니다. 그런 다음 두 번째 접착 비닐의 접착 면을 벗겨 내서 부모님의 도움을 받아 첫 번째 접착 비닐에 잘 붙입니다. 이때 색종이 조각이 접착 비닐 사이에 들어가야 합니다. 두 번째 접착 비닐을 붙이는 일은 쉽지 않습니다. 접착 비닐 사이의 작은 색종이 조각들이 마구 움직이기 때문입니다. 이걸 막기 위해서 두 번째 접착 비닐을 잘 붙인 다음 꼼꼼하게 오랜 시간 동안 아이들에게 비닐을 잘 문지르도록 합니다.

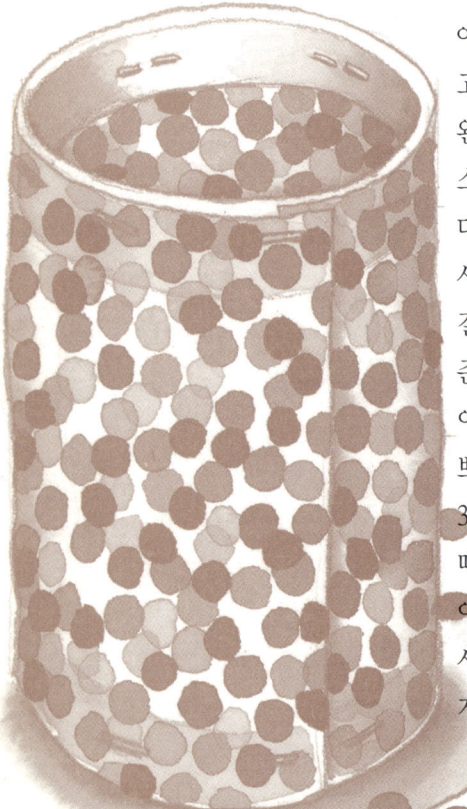

이런 다음 동그란 모양의 납작한 상자의 바닥을 조심스럽게 뜯어냅니다. 아이들이 똑같은 모양의 상자 뚜껑이나 바닥 두 개를 가지고 와서 양쪽을 고정하는 용도로 사용하는 것이 가장 좋습니다. 이때 두 상자의 크기는 완전히 같아야 합니다. 부모님의 도움을 받아 이 상자 틀에 붙인 비닐을 스테이플러로 동그랗게 고정시키고 반대편도 똑같이 고정합니다. 그런 다음 한쪽 바닥에 상자 바닥을 끼워 넣어 티 라이트를 넣을 등 바닥으로 사용합니다. 어른들이 이 등 윗부분에 꽃다발용 초록색 철사를 둥글게 연결한 뒤 긴 막대기에 이 등을 걸면 아이들이 축제 내 이 등을 들고 행진할 준비가 다 끝납니다. 이 방법을 사용할 때 대부분 종이 가장자리에는 색이 예쁘게 번지지 않습니다. 그렇기 때문에 부모님은 이 종이를 색이 예쁘게 번진 중앙 부분을 중심으로 동그란 상자 종이 둘레보다 약 2cm에서 3cm 정도 길게, 높이 12cm 정도로 자릅니다. 동그란 상자 두 개의 바닥을 떼어낸 뒤 종이 양옆에 동그랗게 고정시켜 줍니다. 똑같은 상자 두 개를 이용해 종이 양쪽에 고정시켜 한쪽은 바닥을 떼어내지 말고 등 바닥으로 사용하면 더 좋습니다. 등 바닥에 티 라이트를 놓고 불을 켜 불빛에 멋지게 빛나는 무늬를 감상할 수 있습니다.

•• 증기선 만들기 ••

달걀 상자의 뚜껑 부분과 옆면에 붙어 있는 부분을 잘라냅니다. 증기선을 만들 때는 달걀 상자 바닥 부분만 사용합니다. 휴지 심을 증기선의 굴뚝처럼 달걀 상자 두 번째 줄에 세웁니다. 아이들이 굴뚝을 달걀 상자에 눌러 잘 고정시킬 수 있도록 부모님은 미리 가위로 달걀 상자 두 번째 줄 네 모서리를 잘라 줍니다. (그림 참조)

이렇게 만든 배를 수채 물감으로 예쁘게 색칠하고 말립니다. 그런 다음 굴뚝에서 나오는 증기 모양으로 솜을 뜯어 굴뚝 위에 붙여 줍니다. 배 앞쪽에 구멍을 뚫어 털실을 묶고 다 쓴 키친타월 심지를 연결합니다.

- 재료
  템페라 수채 물감이나 크레파스, 10개들이 달걀 상자, 두루마리 휴지 심, 키친타월 심지, 털실, 풀, 붓, 가위, 물컵
- 대상 연령
  만 3세 후반부터

놀이 방법:
이 증기선을 방에 세워두고 선장이 되어 배를 몰고 항해하는 놀이를 해 봅니다. 선장은 굴뚝 위에 올라가 선원들을 지휘합니다. 아이들을 더욱 즐겁게 하려면 맞은편에서 선원이 되어 보거나 작은 보트처럼 진짜로 띄워보는 것입니다.

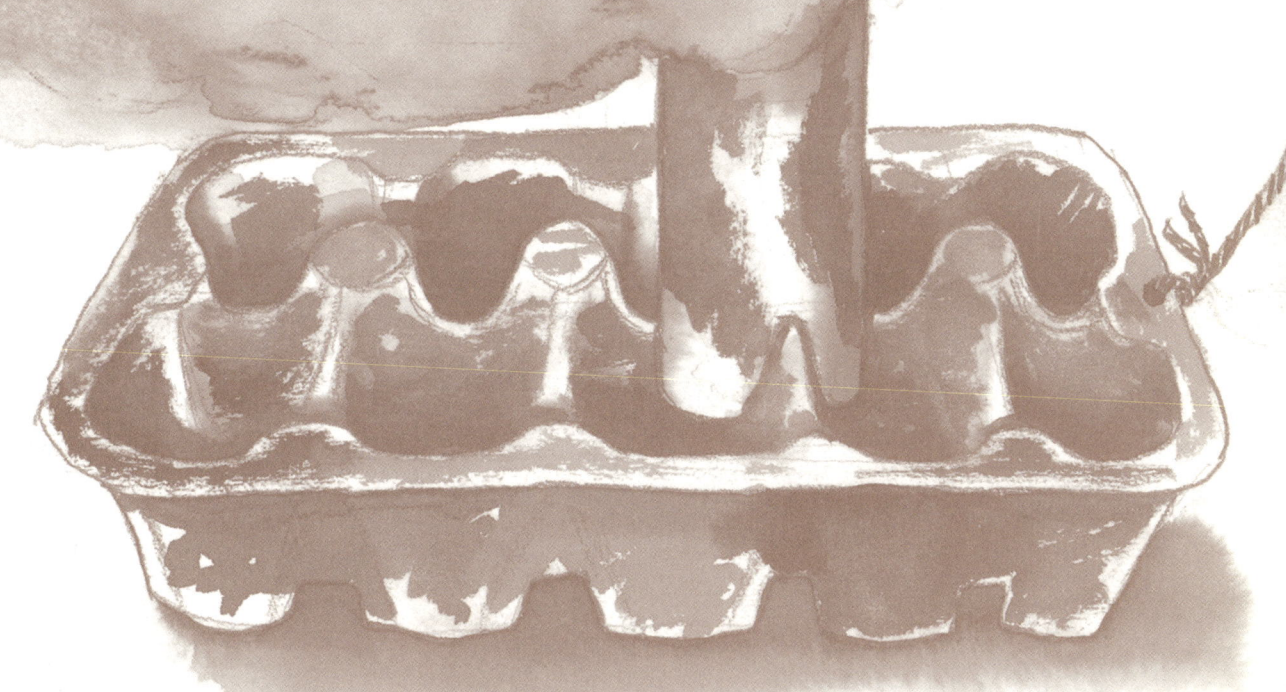

•• 달걀 상자 애벌레 ••

- 재료
  템페라 수채 물감,
  10개들이 달걀 상자 혹은
  30개들이 달걀판,
  빨대 청소 솔,
  검은색 사인펜, 가위,
  붓, 송곳, 물컵
- 대상 연령
  만 3세 후반부터

아이들에게 10개들이 달걀 상자나 30개들이 달걀판의 한 줄만 잘라내도록 합니다. 이렇게 잘라낸 한 줄을 수채 물감으로 예쁘게 칠합니다. 물감을 말린 다음 부모님이 한쪽 끝 부분에 더듬이를 달 수 있게 구멍 두 개를 뚫어 줍니다. 아이들은 빨대 청소 솔을 이 구멍으로 넣고 통과시켜 애벌레 더듬이처럼 만듭니다. 사인펜으로 애벌레의 눈과 입을 그려주면 탁자 위를 기어다니는 애벌레가 완성됩니다.

•• 악어 만들기 ••

- 재료
  초록색과 붉은색 손가락
  물감, 10개들이 달걀
  상자, 6개들이 달걀 상자,
  흰색 사진 박스, 초록색
  습자지, 풀, 붓,
  스테이플러
- 대상 연령
  만 4세부터

10개들이 달걀 상자와 6개들이 달걀 상자를 이용하면 훌륭한 악어 모양 장난감을 만들 수 있습니다. 6개들이 달걀 상자는 바닥과 뚜껑 부분을 분리해서 자릅니다. 이렇게 자른 작은 상자 두 개와 큰 상자 하나 겉면을 초록색 손가락 물감으로 칠하고, 작은 상자 안쪽에는 붉은색 손가락 물감으로 칠합니다.

물감이 마르면 부모님이 6개들이 작은 상자의 짧은 면을 사무용 서류 연결 단추를 이용해 연결시킵니다. 큰 달걀 상자는 바닥이 위쪽으로 향하도록 뒤집습니다. 바닥 부분이 악어의 등 모양과 비슷해 보이기 때문입니다.

먼저 작은 달걀 상자 반쪽 중 바닥 상자를 붉게 칠해진 부분이 위쪽으로 향하도록 큰 달걀 상자 앞에 놓고 두 상자를 연결시켜 줍니다. 이때 부모님이 송곳으로 두 상자에 구멍 두 개를 뚫어 사무용 서류 연결 단추를 이용해 두 상자를 연결시킵니다. (그림 참조) 그다음 뚜껑 상자를 붉게 칠해진 부분이 아래로 가게 한 다음 똑같은 방법으로 큰 상자와 연결합니다. 이렇게 하면 악어의 커다란 입이 완성됩니다.

그다음 초록색 습자지를 커다랗게 말아 부리부리한 악어의 눈을 만들어 머리 부분에 붙여 줍니다. 검은색 사인펜으로는 커다란 눈동자도 그려 넣습니다. 가위질에 익숙한 아이들이라면 흰색 마분지를 크고 날카로운 이빨 모양으로 오려 악어 입 부분에 붙여 봅니다. 무서운 악어처럼 보이나요?

털실, 천 조각, 솜

•• 부활절 병아리 만들기 ••

- **재료**
  노란색 털실, 파란색 털실 약간, 딱딱한 마분지나 둥근 컵 받침 2개, 붉은색 색지나 펠트 천, 풀, 가위, 스테이플러, 연필
- **대상 연령**
  만 3세부터
- **사전 준비 사항**
  마분지를 이용해 병아리 모양의 견본을 미리 만들어 둡니다.

아이들은 늘 털실 자르는 일에 큰 재미를 느낍니다. 특히 털실을 자를 때 부모님이 털실을 팽팽하게 당겨 주면 아이들이 더 좋아합니다. 아이들에게 노란색 털실을 잔뜩 잘라 충분한 양을 탁자 위에 준비하도록 하면 노란 병아리를 만들 준비가 된 것입니다.

우선 병아리 모양의 견본을 이용해 마분지에 대고 병아리를 그린 다음 오려냅니다. 아직 가위질이 서툰 아이들은 둥근 컵 받침 두 개를 이어 병아리 모양으로 사용할 수도 있습니다. 이때 부모님이 컵 받침 하나를 다른 것보다 조금 작은 크기로 잘라내어 스테이플러로 연결시켜 줍니다. 그러면 병아리 모양이 됩니다. (그림 참조)

병아리 모양이 만들어졌으면 한쪽 면에 풀을 칠한 다음 털실 조각들을 그 위에 골고루 붙인 다음 잘 눌러 고정시킵니다. 이런 과정을 뒷면에도 똑같이 반복합니다. 이때 파란 털실을 동그랗게 말아 한쪽 면에 병아리 눈 모양으로 붙여 주고 빨간 펠트 천을 작은 삼각형 모양으로 잘라 부리처럼 붙여 줍니다.(그림 참조) 이런 방법으로 병아리 옆모습을 만들 수도 있고, 앞모습을 만들 수도 있습니다. 이렇게 만든 귀여운 병아리를 예쁘게 매달아 장식해 보세요.

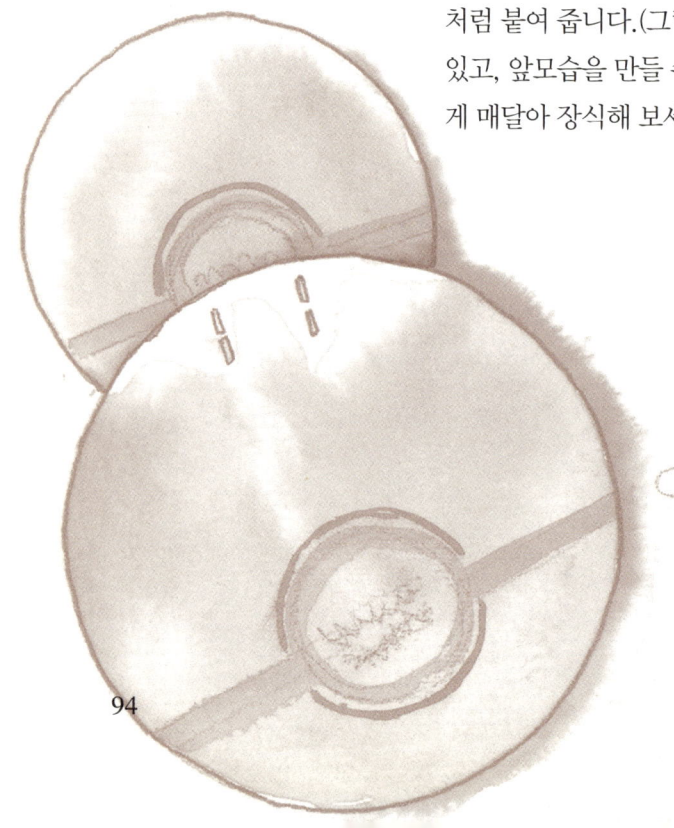

●● 털실 고슴도치 ●●

아이들에게 색색의 털실을 잘라 털실 조각을 수북하게 준비해 두도록 합니다. 고슴도치 모양 견본을 마분지에 연필로 따라 그립니다. 이것을 오려낸 다음 풀을 칠하고 그 위에 털실 조각을 뿌려 잘 붙이고 눌러 줍니다. 다른 면도 똑같이 풀을 칠하고 남은 털실 조각을 붙여 잘 고정시켜 줍니다. 눈에 띄는 다른 색 털실로 작은 구슬 모양 두 개를 뭉쳐 고슴도치 눈으로 양쪽에 붙여 줍니다.

- **재료**
  여분의 털실 뭉치, 마분지, 풀, 가위, 연필
- **대상 연령**
  만 3세부터
- **사전 준비 사항**
  마분지를 이용해 고슴도치 모양의 견본을 미리 만들어 둡니다.

•• 테디 베어 ••

- **재료**
  털실, 딱딱한 마분지, 풀, 연필, 가위
- **대상 연령**
  만 3세 후반부터
- **사전 준비 사항**
  마분지를 이용해 테디 베어 모양의 견본을 미리 만들어 둡니다.

마분지 위에 테디 베어 모양의 견본을 대고 연필로 그린 다음 가위로 오려냅니다. 곰처럼 보일 수 있도록 자연스러운 색의 털실을 작게 잘라 작은 털실 조각이 수북이 쌓이도록 충분한 양을 준비합니다. 그런 다음 먼저 테디 베어 앞쪽에 풀칠해 털실 조각을 붙인 다음 잘 눌러 고정시키고, 뒷면도 똑같이 반복해 양쪽으로 테디 베어를 만들어 줍니다. 테디 베어를 만든 털실 중 두 가지 색을 골라 조그맣고 동그랗게 뭉쳐 테디 베어의 눈처럼 얼굴에 붙여 줍니다.

보통 아이들은 테디 베어 견본에 털실을 너무 많이 붙여 원래 모양을 알아보기 어려운 경우도 많습니다. 그렇기 때문에 마지막에는 마분지 밖으로 너무 많이 삐져나온 털실은 잘 드는 가위로 조금 정리해 주는 것이 필요합니다. 이렇게 만든 테디 베어를 아이들 방 창문에 달아 장식해 봅니다.

●● 사자 만들기 ●●

사자 모양의 견본을 마분지에 대고 연필로 그려서 오려냅니다. 오려낸 마분지에 골고루 풀칠을 합니다. 마분지 조각에 풀을 칠해 바르면 아주 골고루 잘 발라집니다. 풀을 너무 많이 칠하지 않도록 해야 합니다. 안 그러면 천을 붙일 때 풀이 천 위로 배어 나와 얼룩이 질 수 있습니다. 풀칠을 한 다음 갈색 천이나 펠트 천을 잘 붙여 줍니다. 남는 천 부분은 잘 드는 가위로 견본을 따라 잘라냅니다. 그 다음 밝은색 천에 사자 얼굴 견본을 따라 그리고 잘라내어 사자 머리 부분에 잘 붙여 줍니다.

그런 다음 털실을 사자 갈기처럼 잘라 사자 얼굴 주위에 둥그렇게 잘 붙입니다. 이렇게 털실을 붙이는 일은 아이들에게 결코 쉬운 일이 아닙니다. 풀칠을 하면서 털실이 손에 자꾸 들러붙기 때문입니다. 제일 좋은 방법은 부모님이 털실을 낱개로 잡고 아이들은 사자 얼굴 둘레로 조심스럽게 풀칠을 합니다. 그런 다음 손가락에 풀이 묻지 않도록 조심하면서 털실을 손가락으로 붙이거나 가위로 잘라가며 하나씩 붙입니다. 사자 꼬리 부분에도 이런 방법으로 털실을 붙여 멋진 사자 꼬리를 완성시킵니다. 그런 다음 검은색 사인펜으로 사자의 눈과 입을 그려 넣어 얼굴을 완성합니다.

- **재료**
  털실, 갈색 천이나 펠트 천, 마분지, 풀, 가위, 연필, 사인펜
- **대상 연령**
  만 4세부터
- **사전 준비 사항**
  마분지를 이용해 사자 모양과 사자 얼굴 모양의 견본을 미리 만들어 둡니다.

●● 작은 마녀 만들기 ●●

- **재료**
  흰색 천, 다양한 색의 여분 천, 솜, 고무줄, 사인펜, 풀, 가위
- **대상 연령**
  만 3세 후반부터

우선 아이들에게 잘 드는 가위로 흰 천을 가로세로 45cm 길이로 잘라 책상에 펼쳐 놓습니다. 솜을 크고 둥글게 뭉쳐서 이 덩어리를 천 중간에 놓습니다. 그런 다음 솜을 천으로 감싸 팽팽하게 당긴 다음 손으로 꼭 잡고 부모님이 고무줄로 두세 번 정도 감아 단단하게 묶습니다. 이러면 작은 마녀의 머리와 목이 완성됩니다. 고무줄이 좀 더 팽팽해야 하거나 좀 더 느슨할 필요가 있으면 두 번째 손가락을 돌려 솜 머리 안으로 집어넣어 조절하면 됩니다. 그다음 알록달록한 천을 삼각형으로 잘라 머리 두건처럼 두르게 하고 그 끝을 묶어놓은 고무줄 안으로 넣어 빼냅니다. 마녀가 머리에 두건을 쓴 것처럼 모양을 다듬어 줍니다. 그다음 색색의 천을 작은 삼각형 모양으로 잘라내어 천의 아랫부분에 풀로 붙입니다. 마지막으로 사인펜을 이용해 마녀의 얼굴을 그려 줍니다. 그러고 나면 마녀와 함께 춤을 추러 가도 됩니다.

•• 꼬마 유령 만들기 ••

이번에 만들어 볼 재미있는 꼬마 유령 손가락 인형은 아이들이 매우 좋아하는 것입니다. 흰색 천을 가로세로 50cm 길이로 잘라냅니다. 이 천을 앞에 펼쳐 놓은 뒤 솜을 크게 뭉쳐 잘라놓은 천 중앙에 놓습니다. 그런 다음 천의 모서리를 위로 들어 아랫부분을 머리로 하고 그 부분을 천으로 감싸줍니다. 크기에 따라 부모님이 머리를 고무줄로 두세 번 감아 단단하게 고정합니다.

그런 다음 아이들에게 손을 머리 부분에 넣어 보도록 합니다. 이때 집게손가락이 솜으로 만든 머리 부분에 들어가는지 확인합니다. 아이들이 집게손가락을 머리에 고정할 수 있도록 고무줄을 풀거나 더 팽팽하게 감아 조절하면 됩니다.

여기까지 다 되었으면 부모님이 다시 한 번 모양을 다듬어 줍니다. 이 인형은 머리 윗부분 모서리가 사각형이 되어 앞, 뒤, 오른쪽과 왼쪽을 구별할 수 있을 때 가장 예쁘게 보입니다. 이렇게 매만진 다음 아이들이 사인펜으로 유령 얼굴에 검고 커다랗고 동그란 눈을 그려주면 완성입니다. 날아다니는 꼬마 유령과 함께 신나는 놀이를 해 보세요.

- **재료**
  흰색 천, 솜, 고무줄, 사인펜, 가위
- **대상 연령**
  만 3세부터

•• 천에 도장 찍기 ••

- **재료**
  천 염색용 물감, 흰색 천, 코르크 와인 뚜껑, 다 쓴 실타래, 유리병 뚜껑, 스펀지(약 0.5cm 두께), 가위, 다리미, 필요에 따라 핑킹 가위

- **대상 연령**
  만 3세 후반부터

- **사전 준비 사항**
  코르크 마개를 잘라 도장 모양으로 미리 만들어 놓습니다.

잘 드는 가위를 이용해 아이들에게 하얀 천을 네모난 모양으로 자르도록 합니다. (크기는 가로세로 30cm 정도) 도장을 찍기에 적당한 천은 면이나 린넨인데, 다림질로 뜨거운 열을 가하면 색이 잘 들어 나중에도 잘 유지됩니다. 나중에 자른 천 모서리 올이 풀리지 않으려면 부모님이 핑킹 가위로 모서리를 잘라 줍니다. 핑킹 가위가 없으면 아이들에게 모서리를 비벼 올이 어느 정도 빠지도록 만들어 술이 달린 것 같은 모양으로 만듭니다.

염색을 하지 않고 도장을 찍을 때는 다 쓴 실타래나 코르크 와인 마개 등을 이용하면 됩니다. 부모님이 미리 부엌칼 등을 이용해 코르크 마개에 삼각형이나 사각형, 집 모양 같은 단순한 무늬를 새겨 도장으로 준비합니다. 도장 인주도 아주 쉽게 만들 수 있습니다. 약 0.5cm 두께의 스펀지를 병뚜껑 크기에 맞도록 자릅니다. 이 병뚜껑 안에 천 염색용 물감을 채운 다음 스펀지를 넣으면 됩니다. 이렇게 만든 스펀지 인주를 도장으로 누르면 물감이 잘 배어 나와 쉽게 사용할 수 있습니다.

준비가 모두 끝나면 곧바로 시작합니다. 먼저 여분의 천에 도장 찍기를 시험해 봅니다. 도장을 찍을 때 도장이 앞뒤로 잘 움직여야 합니다. 그래야만 도장 무늬 전체가 선명하게 찍힙니다. 이렇게 하려면 어느 정도 연습이 필요합니다. 도장 찍기가 끝나면 천을 말린 다음 왼쪽부터 뜨거운 다리미로 열을 가해 다려 줍니다. 그래야만 나중에 세탁을 하더라도 색이 바래거나 빠지지 않습니다.

주의할 점:
이 활동을 하다가 도장에 묻은 염료가 아이들 옷에 묻었을 경우에는 곧바로 물감이 묻은 부분을 찬물로 씻어 냅니다. 그 부분에 얼룩 제거제를 묻혀 손으로 비비거나 솔로 문질러 애벌빨래를 합니다. 그런 다음 평소처럼 세탁하면 됩니다.

●● 펠트 천으로 만든 달과 별 ●●

- **재료**
  노란색과 파란색 펠트 천, 솜, 파란색 사진 상자, 풀, 가위, 연필, 빨래집게, 때에 따라 봉재용 실과 바늘
- **대상 연령**
  만 4세부터
- **사전 준비 사항**
  마분지를 이용해 달 모양과 별 모양 견본을 미리 만들어 둡니다.

아이들에게 달 모양 견본을 이용해 두 장의 달 모양을 노란색 펠트 천에 대고 그려서 잘라내도록 합니다. 그런 다음 솜으로 대충 달 모양에 들어갈 크기로 충분한 양의 솜을 미리 준비해 놓습니다. 아이들에게 달 모양 펠트 천 가장자리에 풀칠한 뒤 중앙에 미리 준비해 둔 솜을 넣고 달 모양 천 두 장을 붙입니다. 풀로 붙인 다음 빨래집게를 이용해 잠시 고정시켜 주어야 합니다. (그림 참조) 이때 솜이 너무 많거나 너무 적으면 부모님이 솜을 좀 꺼내 주거나 좀 더 넣어서 조절해 주어야 합니다.

파란색 펠트 천에는 두 개의 눈을 그려 오린 다음 달 옆면에 눈처럼 붙여 줍니다. 좀 더 큰 아이들은 실과 바늘로 눈을 달에 꿰매어 볼 수도 있습니다. 마지막으로 별 모양 견본을 파란색 상자 종이에 대고 그린 다음 오려냅니다. 이렇게 만든 작품을 아이 방 창문에 붙여 장식할 수 있습니다.

•• 포근한 베개 만들기 ••

가로세로 크기가 40cm 정도 되는 면 재질로 된 적당한 베개 커버를 구입해 사용하거나 오래된 이불이나 침대 커버를 이용해 직접 베개 커버를 만들어 사용할 수도 있습니다. 도장을 찍기에 적당한 천은 면이나 린넨으로 나중에 색깔을 고정시키기 위해 다림질 열을 뜨겁게 가해야 하는데, 합성 섬유는 염색이 잘 되지도 않고 색깔도 곱게 나오지 않습니다.

베개 커버 속에 마분지를 잘라 넣어 둡니다. 이렇게 하면 도장을 찍을 때 뒷면으로 색이 번져 묻는 것을 막을 수 있습니다. 아주 다양한 방법으로 베개 커버에 그림을 그리거나 도장을 찍을 수 있습니다.

○ 문구점 등에서 구입할 수 있는 천 전용으로 나온 펜을 이용해 그림을 그려 봅니다. 이 펜을 이용하면 아이들이 종이에 사인펜으로 그림을 그리는 것처럼 천 위에 자유롭게 그림을 그릴 수 있습니다.

○ 작은 병에 염색용 물감을 담아 미술용 붓으로 천 위에 색칠할 수 있습니다. 손가락으로 간단하게 그림을 그려 볼 수도 있습니다.

○ 손바닥을 베개 커버 위에 찍어도 예쁜 무늬가 나옵니다. 손바닥에 다양한 색의 염색용 물감을 여러 번 칠해 커버에 찍어 봅니다. 손에 한 가지 색만 칠해 찍어 보아도 되고, 다양한 색을 여러 번 칠해 찍어도 됩니다. 처음에는 밝은색을 칠해서 찍다가 점점 어두운 색을 칠해서 찍으면 중간에 굳이 손을 씻어내지 않아도 다양한 색으로 무늬를 찍을 수 있습니다. 중간에 색이 살짝살짝 섞이는 것도 특별하고 예쁜 효과를 얻을 수 있습니다.

○ 커버에 다 쓴 실타래나 코르크 도장을 찍어 모양을 낼 수도 있습니다. 앞에 설명된 천에 도장 찍기 부분을 참고하세요.

그림을 그리거나 도장을 찍은 커버는 잘 말린 다음 색을 고정시키기 위해 뜨겁게 달군 다리미로 왼쪽부터 잘 다려 줍니다. 이렇게 만들어진 커버는 세탁이 가능합니다.

- **재료**
천 전용 펜이나 천 염색용 물감, 흰색 베개 커버(크기 가로세로 40cm 정도의 적당한 크기), 마분지, 미술용 붓, 베개 커버 도장용 인주, 재봉용 실, 코르크 와인 뚜껑, 다리미

- **대상 연령**
만 4세부터

- **사전 준비 사항**
코르크 마개를 잘라 도장 모양으로 미리 만들어 놓고 도장용 인주도 만들어 놓습니다.

•• 슐로이더발 공 만들기 ••

- **재료**
  알록달록한 천, 끊어지지 않는 줄이나 면, 가위, 상황에 따라 습자지
- **대상 연령**
  만 3세 후반부터

잘 드는 가위를 이용해 천을 가로세로 20cm 정도의 길이로 자릅니다. 자투리 천을 뭉쳐 주먹 정도 크기의 공 모양으로 만들어서 잘라놓은 천의 중앙에 놓습니다. 부모님의 도움을 받아 천을 팽팽하게 당겨 공을 감싸고 단단하게 감싼 뒤 끊어지지 않는 튼튼한 끈(길이 약 1.5m 정도)으로 잘 고정시켜 묶어 줍니다. (그림 참조)

아이들에게 가로세로 3cm나 4cm 정도 길이로 자른 습자지나 자투리 천을 길이 60cm 정도로 자르도록 합니다. 이렇게 만든 끈을 반으로 접어 공을 묶은 끈 안으로 넣어 빙 돌아가며 매달아 줍니다. (그림 참조) 긴 끈이 다 고정되었으면 공 밖으로 나온 끈은 30cm에서 40cm 정도만 남기고 나머지 긴 부분은 매듭지어 묶어 줍니다. 이제 공놀이를 시작해 볼까요? 조심하세요. 공을 너무 세게 던지면 안 됩니다.

놀이 방법:

슐로이더발(독일에서 하는 가죽 끈 달린 공. 이 공을 던지며 하는 놀이를 슐로이더발이라고 부른다.) 공을 높이 던지거나 멀리 던지는 놀이를 할 수 있습니다. 각자의 공으로 혼자 놀거나 다 함께 놀이를 할 수 있고, 하나의 공으로 같이 놀이를 할 수도 있습니다. 이때 아이들은 바로 자신들만의 놀이 규칙을 만들어 내기도 합니다. 가장 좋은 방법은 야외에서 함께 공놀이를 하는 것입니다.

•• 천 가방 만들기 ••

아무 무늬가 없는 천 재질의 크고 작은 가방은 상점이나 문구점에서 아주 저렴한 가격으로 쉽게 구입할 수 있습니다. 이 가방에 앞서 나왔던 천에 도장 찍기 활동이나 베개 커버 만들기에 나왔던 기법을 활용해 그림을 그리거나 무늬 도장을 찍어 꾸미도록 할 수 있습니다. 이렇게 만든 작은 가방은 아이들이 장보기 놀이를 할 때 아주 유용하게 사용할 수 있습니다. 아이들에게 큰 가방을 선물해 주고 엄마가 장 보러 갈 때마다 같이 가지고 가면 아주 좋아할 것입니다.

- **재료**
  천 전용 펜이나 천 염색용 물감, 아무 무늬 없는 천 가방, 마분지, 미술용 붓, 다리미
- **대상 연령**
  만 4세부터

•• 눈사람 만들기 ••

- **재료**
  흰색 마분지, 크레파스, 솜, 색종이, 풀, 가위
- **대상 연령**
  만 3세 후반부터
- **사전 준비 사항**
  마분지를 이용해 눈사람 견본을 미리 만들어 둡니다.

아이들에게 눈사람 견본을 나누어 주고 흰색 마분지에 대고 따라 그리게 한 다음 그것을 오려내도록 합니다. 눈사람이 쓰고 있는 검은색 모자는 크레파스로 그립니다. 그런 다음 마분지 위를 다 덮을 정도의 양의 솜을 여러 개 뭉쳐 준비합니다.

솜이 다 준비가 되었으면 눈사람의 머리와 몸통에 풀칠을 하고 솜을 눌러 붙입니다. 검은색 습자지 조각을 동그랗게 말아 눈사람 코와 단추 모양으로 얼굴과 몸통에 붙여 줍니다. 눈사람의 코는 주황색 습자지 조각을 길게 말아 얼굴에 붙여 줍니다. 마음에 드는 색 습자지를 골라 길게 잘라 내어 눈사람의 목도리로 둘러 주어도 됩니다. 이렇게 만든 눈사람은 양면을 똑같게 해 줍니다.

•• 솜으로 만든 양 ••

아이들에게 양 모양 견본을 나누어 주고 하얀 마분지에 대고 연필로 따라 그리게 한 다음 가위로 오려냅니다. 그런 다음 양 몸통 양면에 풀칠을 합니다.(다리 부분에는 풀칠을 하지 않습니다.) 다리 부분은 양을 세울 수 있도록 살짝 구부려 줍니다. 양 몸통 부분 양쪽으로 붙일 솜을 작은 공 모양으로 넉넉하게 만들어 둡니다. 양 몸 부분에서 얼굴까지 풀칠을 하고 그 부분에 솜으로 만든 공을 붙이고 잘 눌러 줍니다. 다른 쪽 면도 똑같이 반복합니다. 사인펜으로 양의 눈과 얼굴을 양면에 또 그려 줍니다.

- 재료
  솜, 흰색 마분지, 사인펜, 풀, 연필
- 대상 연령
  만 3세부터
- 사전 준비 사항
  마분지를 이용해 양 모양 견본을 미리 만들어 둡니다.

●● 사과 난쟁이 ●●

- **재료**
  사과, 호두, 금색 종이, 견본용 마분지, 솜, 이쑤시개, 가위, 사인펜, 액체 풀, 스틱형 풀

- **대상 연령**
  만 4세부터

- **사전 준비 사항**
  마분지를 이용해 난쟁이의 외투와 모자 견본을 미리 만들어 둡니다.

호두를 난쟁이의 머리로 삼아 이쑤시개로 사과에 꽂아 연결시킵니다. 이러면 아이들이 사과를 보고 곧바로 사람 모양인 것을 알 수 있습니다. 견본 두 장을 이용해 큰 원 하나와 작은 반원을 금색 종이에 그리고 잘라 냅니다. 큰 원 중심까지 가위집을 낸 다음 테두리 전체에 촘촘하게 가위집을 냅니다. 큰 원 중심 부분에 부모님이 동그랗게 작은 원을 오려 줍니다. 이 부분에 이쑤시개가 꽂힌 머리 부분이 들어가게 됩니다. 가위집을 낸 부분이 뒤로 향하도록 사과 난쟁이에게 외투를 씌우고 잘려진 부분을 조금 겹쳐 풀칠해 붙여 줍니다.

솜을 어느 정도 뜯어내어 난쟁이의 머리와 긴 수염 모양이 되도록 붙여 줍니다. 그리고 미리 잘라둔 작은 반원을 겹쳐 고깔모자 모양으로 만듭니다. (그림 참조) 고깔모자 연결 부위를 풀로 붙인 다음 꼭대기에 솜으로 된 구슬을 달아 장식합니다. 그런 다음 모자를 사과 난쟁이 머리 위에 씌우고 풀로 잘 붙입니다. 사인펜으로 호두 위에 얼굴을 그려 즐겁게 웃는 난쟁이 얼굴을 만들어 줍니다.

밀가루 반죽, 찰흙, 색깔 점토

이 책의 앞부분 〈소금 밀가루 반죽, 고무 찰흙과 점토를 반죽하고 모양내기〉 부분에서 이미 세 가지 재료를 다루는 기본적인 방법에 대해 설명했습니다. 그리고 이러한 첫 경험이 아이들에게 얼마나 중요한 것인지도 이야기했습니다. 나는 이 단락에서 앞서 설명한 활동들을 더 발전시키는 요령과 방법 그리고 소금 밀가루 반죽과 고무 찰흙, 점토를 다루도록 아이들을 격려하는 법에 대해 이야기하려 합니다.

이 단락을 보고 활동을 하기 전에 앞 단락을 다시 본다면 더욱 도움이 될 것입니다. 앞 단락에서 기본적인 주의점과 도구, 활동 방법과 다양한 방법들은 이미 설명했습니다. 그것은 지금 설명하려고 하는 활동을 더욱 활성화시키고 이러한 활동을 통해 아이들의 유아적인 판타지와 창의력을 더욱 고무시키고 발전시킬 수 있을 것입니다.

이런 찰흙 등을 이용한 활동은 아이들이 다섯 살이나 여섯 살이 될 때까지 계속 단계를 발전시켜 가며 함께해야 합니다. 아이들이 어떤 활동을 할 때마다 단지 그것을 따라 하거나 조금 변화를 주거나 약간 다르게 만들어 볼 수 있습니다. 그러므로 처음 재료와 방법을 익히고 그것으로 형태나 동물 그리고 다른 사물을 만들게 되면 그때부터는 시범이나 견본보다는 약간의 기술적 도움만 주면 됩니다.

여기서 설명된 몇몇 활동은 다양한 종류의 반죽으로도 할 수 있는 것입니다. 그런 경우 나는 다양한 재료 중에서 가장 적절한 것을 선택했습니다. 이 책에서 내가 점토로 설명한 활동은 그 부분에서 점토에 대한 기술적 설명이 꼭 필요했기 때문에 점토를 선택했을 뿐 다른 의미는 없습니다. 대부분의 아이들이 반죽 놀이를 할 때 아주 다양한 반죽의 특성에 따라 자신이 선호하는 재료가 생기게 됩니다. 하지만 아이들에게 다양한 재료를 꼭 한 번씩 다루도록 해 주어야 합니다.

●● 빵 굽기와 피자 굽기 놀이 ●●

- **재료**
  소금 밀가루 반죽이나 찰흙, 칼, 포크, 숟가락, 나무젓가락, 작은 부엌 밀대
- **대상 연령**
  만 2세 후반부터
- **사전 준비 사항**
  아이들과 함께 소금 밀가루 반죽을 미리 만들어 놓습니다.
  (30쪽 참조)

소금 밀가루 반죽을 이용한 놀이 중 가장 효과적이면서도 가장 많은 사랑을 받는 것은 바로 빵집과 피자집 놀이입니다. 아이들은 반죽을 밀대로 밀어서 동그란 빵이나 도넛 만들기를 가장 좋아합니다. 반죽을 밀고 소시지를 끼우거나 빵을 자르고 다양한 재료를 넣은 피자를 구워 봅니다. 아이들은 손으로 반죽해서 칼로 자르고 포크로 찍는 등 도구를 이용할 때 뛰어난 집중력을 발휘합니다. 아이들이 평평하게 반죽하고 잘게 잘라놓거나 그림을 그린 것은 항상 한 덩어리로 뭉쳐 줍니다.

부모님은 자주 아이들이 만든 멋진 작품을 사거나 맛봐야만 할 것입니다. 이런 놀이는 아마 자주 반복될 것입니다. 만들어진 소금 밀가루 반죽은 냉장고에 보관하는 것이 좋습니다. 놀이를 마칠 때는 늘 아이들에게 자신들의 작품을 다시 하나로 뭉쳐 반죽해 놓는 규칙을 지키도록 합니다.

소금 밀가루 반죽은 180℃의 오븐에서 15분에서 20분 정도 구울 수도 있습니다. 이렇게 아이들이 만든 빵과 다른 것을 구워 나중에 상점놀이나 장보기 놀이를 할 때 사용할 수 있습니다.

•• 찰흙에 손과 발 찍기 ••

찰흙으로 모형을 만들 때 아이들은 자신의 손가락이나 주먹, 손바닥 전체를 반죽에 눌러 찍어 보는 것을 좋아합니다. 손바닥을 찍어 기념으로 간직하고 싶다면 커다란 찰흙 덩어리를 평평하게 펴서 납작하게 만든 다음 손가락을 벌려 양 손바닥을 찍습니다. 우선 한쪽 손을 선명하게 잘 찍고 다른 손으로는 찰흙 판을 고정시켜 잘 잡아 줍니다. 부모님은 나무젓가락으로 아랫부분에 아이의 이름을 적고 날짜를 적어 줍니다. 그런 다음 나무젓가락으로 윗부분에 조심스럽게 구멍을 뚫어 줍니다. 이 작품을 잘 구워주면 아이 방에 걸어둘 수 있습니다.

- **재료**
  소금 밀가루 반죽, 칼, 나무젓가락
- **대상 연령**
  만 2세 후반부터
- **사전 준비 사항**
  아이들과 함께 소금 밀가루 반죽을 미리 만들어 놓습니다.
  (30쪽 참조)

손으로 만든 것처럼 당연히 발로도 이런 작품을 만들 수 있습니다. 아이들은 발로 이런 것을 만드는 것을 훨씬 더 재미있어합니다. 이런 손발 조형물은 나중에 아이들에게 아주 좋은 기념이 될 것입니다. 나중에 아이들이 자라면 이렇게 작은 손과 작은 발을 가지고 있었다는 사실을 떠올리게 되겠지요?

•• 찰흙으로 만든 별 모양 등 ••

- **재료**
  찰흙, 칼, 별 모양의 납작한 견본, 작은 부엌 밀대, 스펀지, 포크, 잡지, 티 라이트

- **대상 연령**
  만 4세부터

- **사전 준비 사항**
  마분지로 미리 별 모양 견본을 만들어 놓습니다.

손으로 찰흙을 평평하게 만들어 신문지 위에 올려놓습니다. 탁자 위에는 반드시 미리 신문지를 깔아 둡니다. 물기 때문에 찰흙이 탁자에 달라붙는 것을 막기 위해서입니다. 그런 다음 작은 밀대로 찰흙을 약 1cm 두께로 밀어 둡니다. 그런 다음 별 모양 견본을 찰흙에 대고 나무젓가락으로 긁은 다음 칼로 잘라냅니다.

잘라내고 남은 찰흙 덩어리를 다시 밀어 조금 더 얇게 만든 다음 이것으로 좀 더 작은 크기의 별을 두세 개 정도 만듭니다. 중간 정도 크기의 별은 틀을 이용해 찍어냅니다. 이 별은 한쪽 면을 포크를 이용해 우둘투둘하게 만든 다음 물을 약간 묻힌 손가락으로 문질러 큰 별 위에 잘 눌러 고정시킵니다. 이때 두 별 사이에 공기가 들어가지 않도록 주의합니다. 받침이 되는 별은 나중에 두 개나 세 개의 티 라이트가 올라갈 정도로 충분한 공간이 있어야 합니다. 물기를 묻힌 손가락이나 젖은 스펀지로 아이들에게 모서리를 반질거리도록 잘 문지르도록 한 다음 이것을 잘 말립니다. 찰흙으로 만든 작품을 말릴 때는 물을 뿌린 잡지 위에 작품을 놓고 서늘한 곳에서 천천히 말려야 갈라지지 않습니다.
별 모양 등은 다른 작품을 말리는 것보다 훨씬 어렵습니다.

•• 나뭇잎 모양 찍기 ••

나뭇잎으로 모양 찍기(116쪽 참조)를 해 봅니다. 여기서는 우선 아이들에게 약 1cm 두께의 물건을 찍기에 적당한 크기의 찰흙 판을 만들도록 합니다. 그리고 가능한 한 최대로 잎맥의 모양이 아주 선명한 나뭇잎을 골라 뒷부분이 아래로 가도록 찰흙 판에 놓고 그 위를 도마로 잘 눌러 나뭇잎 모양이 찰흙에 선명하게 찍히도록 합니다.

그런 다음 도마를 치우고 나뭇잎을 조심스럽게 떼어내면 생생하게 찍힌 신기한 나뭇잎 모양을 볼 수 있을 것입니다. 그런 다음 아이들에게 칼을 이용해 나뭇잎 모양대로 뭉툭하게 찰흙을 잘라내도록 합니다. 날카로운 찰흙 모서리는 손가락으로 동그랗게 잘 만져 마무리합니다. 이렇게 만든 나뭇잎 모양을 매달아 장식하고 싶으면 찰흙에 조심스럽게 작은 구멍을 내면 됩니다.

- **재료**
  찰흙, 신선한 나뭇잎, 칼, 부엌 도마
- **대상 연령**
  만 4세부터
- **사전 준비 사항**
  줄기와 잎맥 무늬가 선명한 신선한 나뭇잎을 미리 모아 놓습니다.

•• 찰흙으로 만든 동물과 다양한 모양 ••

- **재료**
  찰흙이나 고무 찰흙, 칼, 뼈대로 쓰일 이쑤시개
- **대상 연령**
  만 4세부터

아이들은 찰흙 등을 이용해 동물이나 다양한 모양 만들기를 좋아합니다. 아이들이 반죽으로 어떤 동물이나 어떤 모양을 만들든지 부모는 곁에서 조용히 지켜보아야만 합니다. 아이들이 자신이 만든 것을 마지막에 다시 뭉쳐 반죽하는 한 아이들은 무엇이든 다 시도해볼 수 있습니다.

아이들이 만든 작품을 말리거나 불에 구워내고 싶다면 활동은 좀 더 어려워집니다. 젖어 있을 때는 멀쩡하게 모양을 유지하고 있던 것이 마르면서 분리되거나 망가지는 것을 막으려면 기술적인 부분이 좀 더 보완이 되어야만 하기 때문입니다. 하지만 이런 기술적인 보충은 아이들이 좀 더 나이가 들어야만 이해할 수 있습니다. 그렇기 때문에 부모님은 아이들이 손바닥 크기 정도로 작품을 만들도록 유도해야만 합니다. 이보다 작으면 각 부분을 연결하기가 너무 어렵습니다. 또 이보다 크면 구울 때 갈라지거나 부서져 버립니다. 찰흙 덩어리는 안에 들어 있는 작은 기포가 충분히 빠지도록 잘 반죽해야 나중에 갈라지는 일이 없습니다.

모든 부분이 잘 붙도록 하려면 연결된 부위를 물로 적시고 잘 고정되도록 눌러 주어야 합니다. 부모님은 처음부터 아이들을 도와서 마무리해야만 합니다. 아이들과 조용히 그 과정을 해 보십시오.

•• 크리스마스트리 장식 만들기 ••

아이들은 주방용 밀대를 다루는 일을 아주 좋아합니다. 이 밀대를 이용하면 찰흙이나 소금 밀가루 반죽을 이용한 작업을 잘할 수 있습니다. 아이들이 찰흙으로 작업할 때는 탁자에 신문이나 잡지를 반드시 깔아 두어야만 찰흙이 탁자에 달라붙는 것을 막을 수 있습니다.

다양한 모양 틀을 이용해 반죽을 찍어 내고 각각의 찰흙 조각 위에 구멍을 뚫어 매달 자리를 만듭니다. 좀 더 모양을 내고 싶으면 젓가락같이 뾰족한 것으로 모양을 그려 보거나 모양을 찍어 냅니다. 이렇게 장식이 완성되면 젖은 잡지 위에 완성된 것을 놓고 말려 줍니다. 그리고 작은 물건 등으로 눌러 줍니다.(찰흙 반죽하기 편을 참고)

장식물이 완전히 마르거나 구워지면 선물 포장용 리본을 이용해 크리스마스트리에 걸어 장식할 수 있습니다. 아이들이 소금 밀가루 반죽으로 만든 크리스마스트리 장식물은 수채 물감을 이용해 색칠할 수도 있습니다.

- **재료**
  찰흙이나 소금 밀가루 반죽, 잡지, 칼, 포크, 모양 틀, 나무젓가락, 작은 부엌용 밀대, 스펀지, 선물 포장용 리본, 상황에 따라 수채 물감
- **대상 연령**
  만 4세부터
- **사전 준비 사항**
  아이들과 함께 소금 밀가루 반죽을 미리 만들어 놓습니다. (30쪽 참조)

•• 모양 찍기 ••

- 재료
찰흙, 다양한 사물,
코르크 만들어 놓은 재료,
모양 틀, 칼
- 대상 연령
만 3세 후반부터

손이나 발 외에도 거의 대부분의 다양한 사물과 재료를 이용해 찰흙에 모양을 찍어 볼 수 있습니다. 아이들은 코르크, 나무 조각, 플라스틱 병, 포크, 숟가락과 다른 물건으로 찰흙 판을 눌러 모양을 낼 수 있습니다. 모양 틀을 눌러 만들 수도 있고, 준비해 놓은 벽지나 천으로 평면적인 무늬를 찰흙 겉면에 나타나게 할 수도 있습니다. 이렇게 모양이 찍힌 찰흙 구슬이나 판은 아이들에게 다시 하나의 덩어리로 뭉치게 할 수도 있고, 아니면 공기 중에 말리거나 불에 구워 볼 수도 있습니다. (찰흙으로 반죽하기 참조)

•• 찰흙으로 만든 촛대받침 ••

- 재료
찰흙, 작은 나무젓가락,
못, 칼, 양초
- 대상 연령
만 3세 후반부터

찰흙 반죽을 커다란 공 모양으로 빚습니다. 주먹 크기 정도로 만들면 됩니다. 이렇게 공 모양으로 만든 찰흙을 탁자 위에 놓고 양초가 찰흙 중간에 서 있을 수 있도록 양초로 중간을 잘 눌러 세워 줍니다. 양초로 찰흙 반죽을 누를 때 아랫부분은 평평하게 만들어야 합니다. 이렇게 만든 받침대에 작은 나무젓가락이나 모양 틀, 못이나 다른 작은 물건으로 모양을 내 장식합니다. 작은 점이나 십자 모양, 삼각형이나 사각형 모양을 찍을 수 있습니다. 이때 양초는 찰흙 공 안에 잘 꽂혀 있어야 합니다. 마지막에 양초를 찰흙 구멍 안에서 조금씩 이리저리 움직여 공간을 조금 넓혀 줍니다. 찰흙이 마르면서 수분이 증발하면 크기가 조금 줄어드는데 이때도 양초 크기에 잘 맞으려면 미리 공간을 조금 넓혀 주어야만 합니다.

●● 고슴도치 가족 ●●

고슴도치는 아이들이 찰흙 반죽을 손으로 동그랗게 말아 만들기에 아주 적당한 동물입니다. 우선 찰흙을 동그란 공 모양으로 만든 다음 한쪽을 뾰족하게 만들어 고슴도치의 입을 만들어 주고 윗부분에는 나무 조각을 대고 눌러 고슴도치의 눈을 만들어 줍니다. 고슴도치의 몸 부분은 빨대 조각을 촘촘하게 꽂아 가시로 무성한 표면을 만들면 됩니다. 이렇게 작은 빨대나 이쑤시개 등을 잔뜩 꽂아 만든 고슴도치는 구우면 안 되고 공기 중에 말리는 것만 가능합니다. 이런 고슴도치를 여러 개 만들어 탁자 위에 한 줄로 세워 고슴도치 가족을 만들면 훌륭한 장식물이 됩니다.

- 재료
  찰흙이나 고무 찰흙, 빨대나 이쑤시개, 가위, 칼, 모양을 낼 나무
- 대상 연령
  만 3세 후반부터

●● 찰흙 나무 ●●

잡지 위에 올려놓은 찰흙을 부엌용 밀대를 이용해 약 1cm 두께로 평평하게 밀어 놓습니다. 그리고 나뭇가지로 그 위에 나무 그림을 그립니다. 나무 그림에서 나무 표면의 거친 무늬는 물을 묻힌 손가락이나 스펀지로 겉면을 반질반질하게 문지른 다음 포크로 긁어 표현해 줍니다. 그런 다음 작은 구슬 모양을 여러 개 만들어 한쪽 면에 물을 묻힌 다음 나뭇가지에 붙여 고정시킵니다. 이 구슬을 잘 고정시키지 않으면 나중에 말리거나 불에 구웠을 때 다 떨어져 나가게 됩니다.

가지를 구슬로 장식했으면 아이들에게 포크를 이용해 나무줄기를 긁어 모양을 내고 나중에 고리를 걸어 장식할 구멍을 뚫습니다. 이렇게 만든 작품을 젖은 신문지로 덮고 작은 물건으로 눌러 마르지 않게 합니다. (찰흙으로 반죽하기 참조) 작품을 말리거나 구웠는데 구슬이 떨어졌다면 도자기용 접착제나 순간접착제를 이용해 다시 붙일 수 있습니다.

- 재료
  찰흙이나 소금 밀가루 반죽, 고무 찰흙, 작은 부엌용 밀대, 칼, 모양을 낼 나무, 포크, 스펀지, 잡지
- 대상 연령
  만 4세부터
- 사전 준비 사항
  아이들과 함께 소금 밀가루 반죽을 미리 만들어 놓습니다. (30쪽 참조)

어떤 활동이 아동의 어떤 연령에 적합할까?

나이/활동	면수	그리기 도구	자르기 도구	붙이기 도구	다양한 방법
만 2세부터					
천둥 그림	18	크레파스나 색연필			
데칼코마니	25	손가락 물감			
소금 알가루 반죽	30				소금 알가루 반죽으로 모아내기
색연필로 그리기	16	색연필			
손가락 물감으로 그리기	23	손가락 물감			
크레파스로 그리기	17	크레파스			
템페라 수채 물감으로 그리기	27	수채 물감			
점 찍기 놀이	25	손가락 물감			
빗방울 그리기	18	크레파스/색연필			
종이 찢기	34				종이 찢기
만 2세 후반					
빵 굽기와 피자 굽기 놀이	110				소금 알가루 반죽으로 모아내기
꽃들	48	손가락 물감과 수채 물감	종이		
색 섞기 미술 놀이	24	손가락 물감		풀	
망원경 만들기	77	손가락 물감			
파티 종이 염색	46	수채 물감			
찰흙으로 모아내기	31				찰흙으로 모아내기
손바닥 찍기	23	손가락 물감			
찰흙에 손과 발 찍기	111				찰흙이나 소금 알가루 반죽으로 모아내기
종이와 마분지에 붙이기	37			풀, 백자용 풀이나 투명 테이프	
악기 만들기	78		마분지	백자용 풀	종이 찢기
축축한 그림 놀이	28	수채 물감		풀	
종이 짓발	60	크레파스나 수채 물감			
구슬 팔랑이 만들기	79			백자용 풀	종이 찢기
파를 만들기	67		마분지	풀	
수산호 만들기	69	손가락 물감	마분지		
보석 상자 만들기	83	수채 물감이나 크레파스	종이	풀이나 백자용 풀	종이 찢기
종이 자르기	35		종이		
빨대 자르기	36		빨대		
만 3세					
탐실 마음껏 집러보기	36		탐실		
빨대 꽃	49	수채 물감	종이	풀	
마술 그림 - 양초 그림	20	수채 물감			
수족관	50	수채 물감	종이	풀	
스텐지 벌	58		종이	풀	빨대 청소 솔로 만들기
색동 나비	44		종이	풀	종이 찢기
꼬마 유령 만들기	99	사인펜	천		
필터 종이 컵 받침 만들기	47	수채 물감	종이	풀	
찰흙으로 반죽하기	32		마분지		찰흙으로 반죽하기
개구리 만들기	76	손가락 물감	종이	풀	
봄이 나무	54	수채 물감	종이	풀	
사탕 선물 만들기	83			풀	
선물 포장지	40	수채 물감		백자용 풀	종이 찢기
유리 등 반짇막이	56		종이와 마분지	풀	종이 찢기
금빛 종이로 만든 별 모양 등	67				
커다란 휴지 심 애벌레	81	손가락 물감	종이	풀	
가을이 나무	55	수채 물감			
도토리 해성	59		종이		
풍선 그림	28	수채 물감			
색종이 조각 만들기	90		종이	풀	편지기와 스테이플러
풍선 난쟁이	65	사인펜	마분지	스카치테이프	
애벌레 연기	82	수채 물감		풀	
부활절 달갈	52	크레파스나 사인펜	마분지	풀	얇은 종이로 불들이고 구워내기
부활절 달갈 모발	64	크레파스	마분지		
부활절 병아리 만들기	94		마분지와 탐실	풀	종이 찢기
종이 접시 모자 만들기	74		마분지와 종이	풀	종이 찢기
배꼬 애벌레	71	손가락 물감			
근기 놀이 프로타주 기법	19	크레파스나 색연필			
수정용 병 만들기	86	크레파스나 수채 물감	종이	풀	

나이/활동	면수	그리기 도구	자르기 도구	붙이기 도구	다양한 방법
장식 갈런드 만들기	41		종이		
커피 필터로 만든 나비	51	수채 물감	종이	풀	
썬캐 만들기	63	수채 물감이나 크레파스	마분지		
나선 모빌 만들기	62	수채 물감	마분지		
축근 상자 만들기	84	수채 물감	종이	풀	종이 찢기
금색 종이로 만든 턱싯 등	57		종이	풀	
숨으로 만든 양	107		마분지	풀	솜 뭉치기
탈실 고슴도치	95		마분지와 털실	풀	
유리구슬 마뱀	28	수채 물감			

만 3세 후반

나이/활동	면수	그리기 도구	자르기 도구	붙이기 도구	다양한 방법
종이선 만들기	91	수채 물감		풀	
작은 미녀 만들기	98	사인펜	천	풀	
달걀 상자 에벌레	92	수채 물감	마분지		
하늘을 나는 컵 받침	72	손가락 물감이나 수채 물감	종이		
고슴도치 가족	117				천풀으로 모양내기
모양 찍기	116				천풀으로 모양내기
작은 턱싯 등	88	크레파스	종이		다림질과 스테이플러로 고정하기
재미있는 옷	45	색연필	종이		종이 접기
무당벌레 만들기	70	손가락 물감	마분지		천풀으로 모양내기
모양 찍기	116			풀	
산타 할아버지 만들기	80	사인펜	종이와 마분지	풀	종이 찢기
과일나무	44		마분지	풀	
술로이다란 곧 만들기	104		천과 종이	풀	솜 뭉치기
눈사람 만들기	106	크레파스	마분지와 종이	풀	
눈사람 모빌 만들기	66	크레파스	마분지	풀	
낼긴 찍기	60				손가락 물감 찍기
천에 도장 찍기	100		천		천 염색용 물감 찍기
테디 베어	96		마분지와 털실	풀	스테이플러로 고정하기
색종이 등 만들기	86		종이	풀	스테이플러로 고정하기
바람 놀이	84		종이	풀	

나이/활동	면수	그리기 도구	자르기 도구	붙이기 도구	다양한 방법
만 4세					
사과 난쟁이	108		종이	풀	
출과 나무	117				천풀이나 알가루 반죽으로 모양내기
나뭇잎 모양 찍기	113				천풀으로 모양내기
알록달록한 물고기	75	손가락 물감	마분지		스테이플러로 고정하기
펠트 천으로 만든 달과 별	102		마분지와 천		바느질
어연 만들기	92	손가락 물감	마분지	풀	스테이플러로 고정하기
포근한 베개 만들기	103	천 전용 펜			천 전용 페으로 그리기
사자 만들기	97	사인펜	마분지, 털실, 천		
가면 연상놀이	68	수채 물감과 크레파스	마분지		
천풀으로 만든 별모양 등	112				천풀으로 모양내기
천 가방 만들기	105	천 전용 펜이나 천 염색용물감			
천풀으로 만든 동물과 다양한 모양	114				천풀으로 모양내기
방온 염색	42	수채 물감			약소 방울을 떨어뜨리고 다림질하기
크리스마스트리 장식 만들기	115				천풀이나 소금 알가루 반죽으로 모양내기

견본 만들기

각 견본 중 원하는 모양을 두꺼운 마분지에 옮겨 그립니다. 먼저 아주 얇은 종이를 원하는 모양 위에 놓고 연필로 테두리를 그대로 따라 그립니다. 그리고 그 종이를 모양대로 오려냅니다. 그런 다음 오려낸 종이를 마분지 위에 놓고 다시 한 번 연필로 모양 그대로 따라 그립니다. 그 마분지를 모양대로 잘라내면 견본이 완성됩니다.

과일 나무

나선 모빌

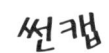
썬캡

색동 나비

부활절 달걀 모빌1
부활절 달걀 모빌2
부활절 달걀 모빌3

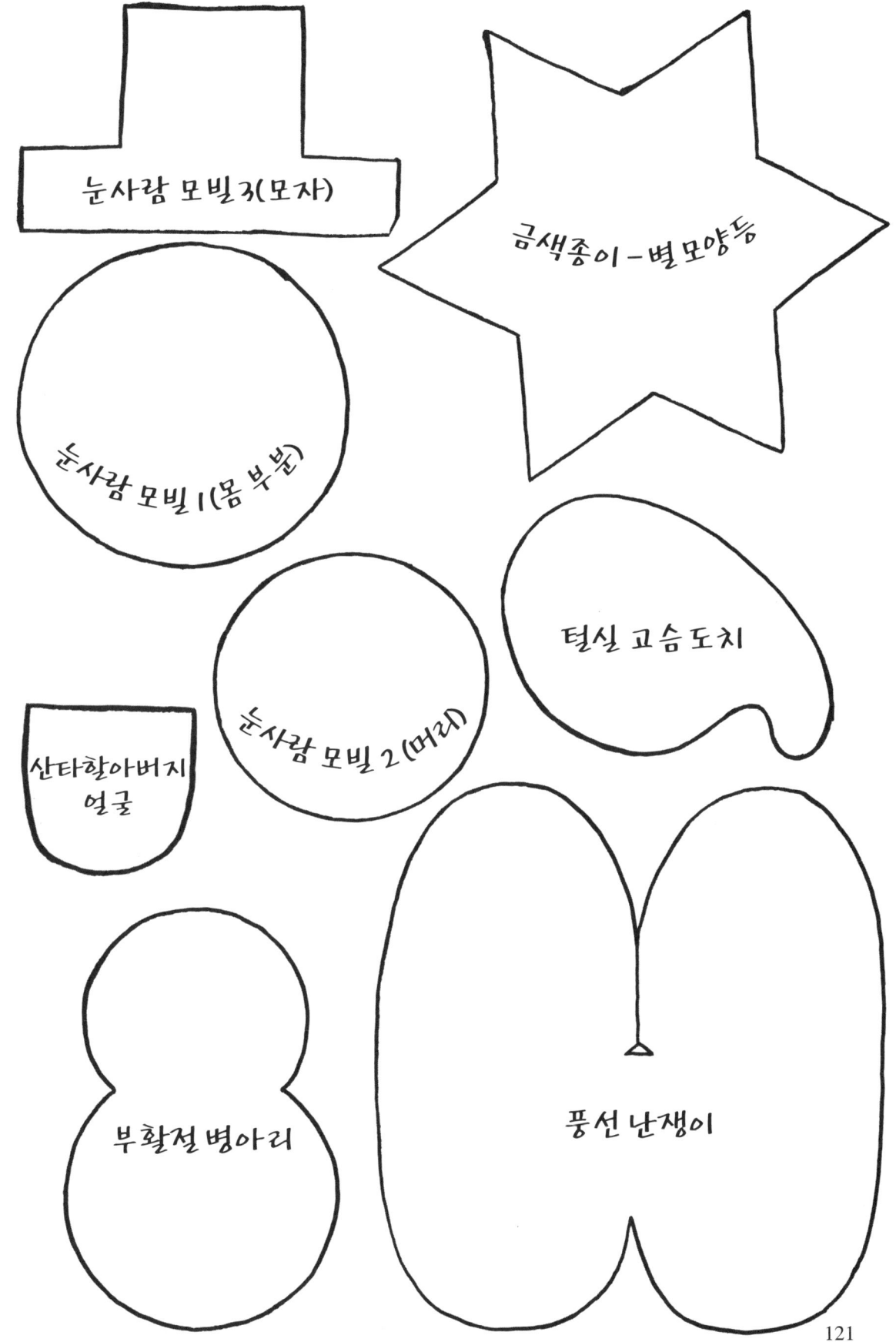

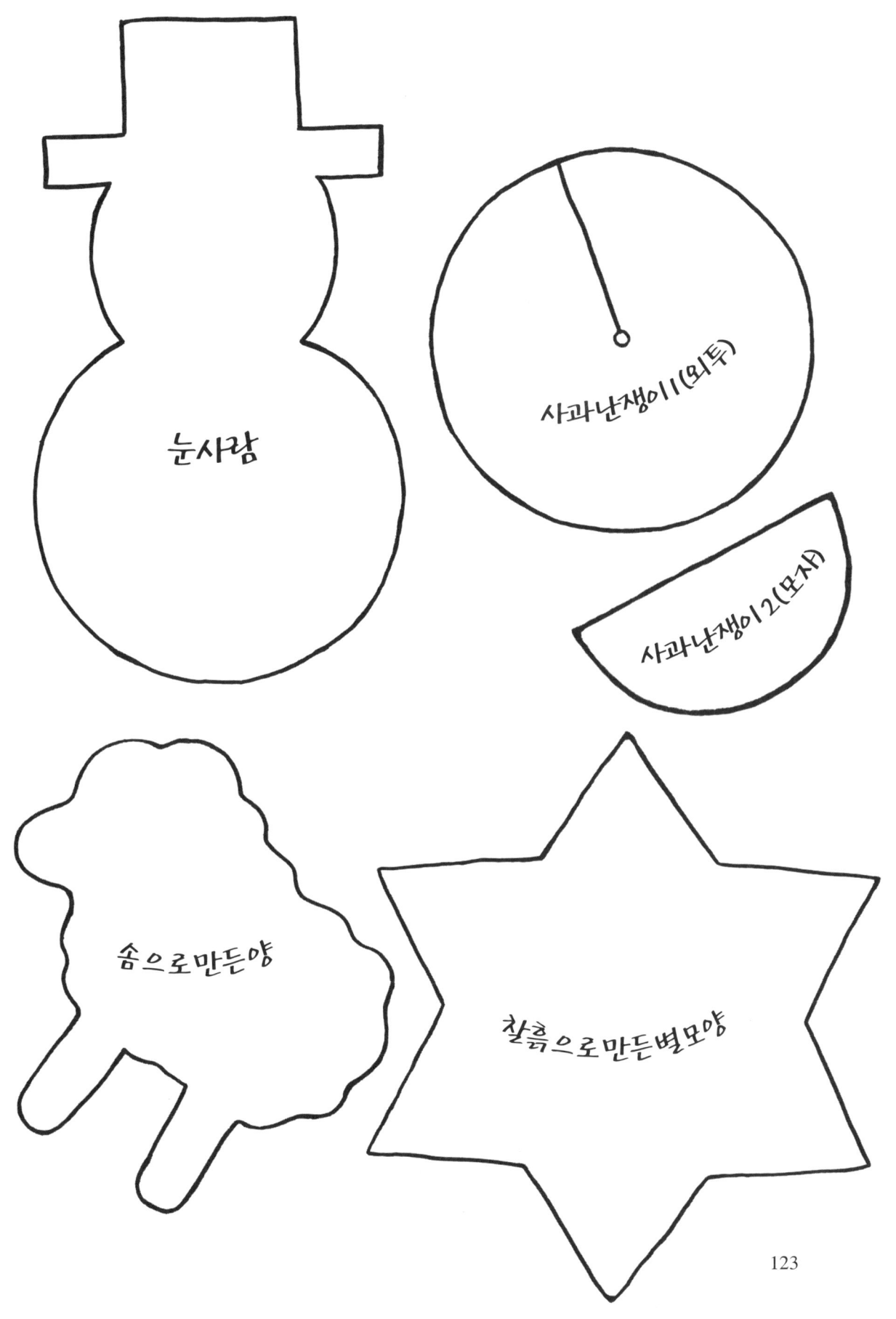

창의력 미술놀이 낙서하고 오리고 마음대로 그림 그리기

초판 1쇄 인쇄 | 2013년 4월 11일
초판 1쇄 발행 | 2013년 4월 17일

지은이 | 기젤라 뮐렌베르그(Giesela Muehlenberg)
일러스트 | 수잔네 체즈니(Susanne Szesny)
옮긴이 | 이상희
펴낸이 | 채규선
디자인 | 이지영
펴낸곳 | 세종미디어

등록번호 | 제 2012-000134
등록일자 | 2012. 08. 02
주소 | 경기도 고양시 덕양구 화정동 1141
전화 | 031-978-2692
팩스 | 02-335-6650
이메일 | sejongph8@daum.net

값 13,000원
ISBN 978-89-94485-11-9 13370